D1735306

einfach
für
zwei

92 Rezepte
saisonal
abwechslungsreich
natürlich
mit Schweizer
Milchprodukten

ZVSM
Zentralverband schweizerischer Milchproduzenten
Weststrasse 10, 3000 Bern 6
www.swissmilk.ch

Impressum

1. Auflage 1998

© **Copyright by**
Zentralverband schweizerischer
Milchproduzenten (ZVSM), Bern
Rezepte:
Beate Widmer, Bern
Testküche:
Beate Widmer, Bern
Mike Schaper, Freiburg (D)
Fotos und Styling:
Michael Wissing, Waldkirch (D)
Gestaltungskonzept und Realisation:
P'INC. AG, Langenthal
Textkonzept und Text:
Pia Messerli, Bern
Lithos:
Denz Lith-Art AG, Bern
Satz und Druck:
Vogt-Schild/Habegger
Medien AG, Solothurn

ISBN 3-909230-63-6

Seitenblick

4

Lust auf ...

alles drin

… für zwei und für Singles – so kocht es sich einfach und schnell: Sie schaffen sich einen kleinen Normvorrat an. Rüsten Ihre Küche mit ein paar praktischen Utensilien aus. Gehen einmal wöchentlich zum Grosseinkauf, wo Sie sich nach Lust und Laune mit Frischprodukten eindecken. Und dann nehmen Sie sich jeden Tag ein paar Minuten Zeit …

… für Körper und Geist – so bekommen sie Ausgewogenheit und Energie: Einheimisches Gemüse, Kräuter und Obst bringen saisonale Abwechslung. Schweizer Milchprodukte, Getreide, Fleisch und Fisch sorgen für vielfältige Kombinationen. Schonende Zubereitung erhält die guten Vitamine und Mineralstoffe. Und damit haben Sie alles, was Sie brauchen …

… für Gesundheit und Genuss – so macht es noch mehr Freude: mit allerlei Tips für den kleinen Haushalt und eine zeitsparende Vor- und Zubereitung. Mit 92 Rezepten für gluschtige Vorspeisen, stärkende Zwischenmahlzeiten, unkomplizierte Menüs und süsse Leckerbissen.

Und dazu wünschen wir Ihnen einen guten Appetit!

typisch **Saison**

Die Rezepte gehen mit der Zeit. Und die natürlichen Zutaten können nach Lust und Jahreszeit variiert werden. Einfach weil Gemüse und Obst in der jeweiligen Haupterntezeit am frischesten und preisgünstigsten sind. Und weil Erdbeeren eben nie süsser schmecken als im Mai …

Frühling
Frühlingszwiebeln, Radieschen, Rüebli, Frühkartoffeln, Spargeln, Kopfsalat, Schnittsalat, Lollo, Eichblatt, Rhabarber, Kerbel, Bärlauch, Löwenzahn, Sauerampfer, Brunnenkresse, Blüten, Erdbeeren

Sommer
Tomaten, Gurken, Peperoni, Auberginen, Blumenkohl, Broccoli, Stangensellerie, Fenchel, Kefen, Bohnen, Erbsen, Zucchetti, Lattich, Koriander, Basilikum, Dill, Zitronenmelisse, Melonen, Mirabellen, Kirschen, Aprikosen, Himbeeren, Johannisbeeren, Heidelbeeren, Stachelbeeren, Brombeeren

Herbst
Rosenkohl, Gemüsezwiebeln, Lauch, Knollensellerie, Kürbis, Schwarzwurzeln, Kartoffeln, Mais, Cicorino, Frisée, Nüsslisalat, Rucola, Trauben, Birnen, Äpfel, Zwetschgen, Pflaumen, Quitten, Pilze, Nüsse, Kastanien

Winter
Pastinaken, Topinambur, Randen, gebleichter Lauch, Wirz, Rotkabis, Rosenkohl, Blumenkohl, Federkohl, Sauerkraut, Spinat, Portulak, Zuckerhut, Orangen, Feigen, Kiwis, Dörrfrüchte

Das ganze Jahr
Schweizer Milchprodukte, Fleisch, Fisch, Knoblauch, Schalotten, Zwiebeln, Kabis, Rüebli, Suppensellerie, Schnittlauch, Kresse, Gemüse und Obst aus einheimischen Lagern

Quelle:
«Gemüsearten» und «Obstsorten»
LMZ Landwirtschaftliche Lehrmittelzentrale Zollikofen

Normvorrat

Nahrhaftes aus dem Vorratsschrank. Würziges für den Pep. Milchprodukte und Eier vom wöchentlichen Grosseinkauf. Gemüse, Obst, Fleisch und Fisch vom Laden um die Ecke direkt auf den Tisch. Damit ist alles da, was es für das gute Gelingen der Rezepte braucht.

Grundnahrungsmittel
Zucker, Mehl, Teigwaren, Reis, Kartoffeln

Würziges
Salz, Pfeffer, Muskatnuss, Currypulver, Zimt, Vanillezucker, Senf, Knoblauch, Schalotten, Zitronen, Öl, Essig, Balsamico-Essig, weisser und roter Kochwein, Bouillon

Frischprodukte
Milch, Vollrahm, Crème fraîche, Joghurt nature, Hüttenkäse, Sbrinz, Butter, Bratbutter oder Bratcrème, Eier

Küchenhilfen

Flink gehen sie einem zur Hand, sind immer hilfsbereit und haben alle Rezept-Fälle im Griff – die praktischen Utensilien für die Küche.

Schneiden, rüsten, raffeln, …
scharfe Messer, Eierschneider, Sparschäler, Bircher- und Röstiraffel, Knoblauchpresse, Saftpresse, Schwingbesen, Stabmixer, Holzlöffel und -kelle, Bratschaufel, Schöpflöffel, Messbecher, Wallholz, Pinsel, Schere, Frischhalte- und Alufolie, Backpapier, Haushaltpapier, Zahnstocher

… kochen, braten, backen
Dampfkörbchen, kleine und grosse Pfanne, Bratpfanne, Gratinform von 22–25 cm Länge, ofenfeste Portionenförmchen, Teigschüssel, Kuchenblech, Springform, Kuchengitter

Sie versprechen jede Menge Genuss, verleiten zum Ausprobieren und schmecken über alle Massen gut – die 92 Rezepte in diesem Kochbuch.

Zutaten, Mengen …
Wo nicht anders angegeben, sind die Rezepte für 2 Personen bzw. 2 Portionen berechnet. Wer nur sich selbst verwöhnen möchte, nimmt die Hälfte oder kocht «auf Vorrat». Wer Gäste einlädt, vermehrt die Zutaten entsprechend.

… Masse, Abkürzungen
EL Esslöffel, gestrichen voll
TL Teelöffel, gestrichen voll
Prise Menge, die zwischen zwei Fingern Platz hat
Messerspitze 2–3 Prisen
g Gramm
l Liter
dl Deziliter
Tasse ca. 2 dl
1 Ei ca. 52 g
wenig, etwas, einige, ca. Dosierung nach eigenem Gusto

Frühling

der Lenz ist da

1 Für die Vinaigrette Essig, Honig und Erdbeeren aufkochen, kurz ziehen lassen und durch ein Sieb streichen. Mit restlichen Zutaten verrühren.

2 Salate in mundgerechte Stücke zupfen. Auf Tellern anrichten.

3 Sbrinz mit einem Messer in Stücke brechen und auf dem Salat verteilen. Mit Vinaigrette beträufeln.

4 Erdbeeren und Schnittlauch darübergeben und servieren.

Frühlingssalat mit Sbrinzmöckli

Vinaigrette:
3 EL Essig
1 TL Honig
3 Erdbeeren, zerdrückt
5 EL Öl
½ TL Senf
Salz, Pfeffer

150–200 g gemischter
Frühlingssalat, z. B. Lollo,
Eichblatt, Schnittsalat,
Löwenzahn, Bärlauch, gerüstet
100–150 g Sbrinz am Stück

4 Erdbeeren, halbiert,
in Scheiben geschnitten
½ Bund Schnittlauch,
in Röllchen geschnitten

Und weil's so gut schmeckt, gleich die doppelte Menge zubereiten: Die Vinaigrette ist im Kühlschrank bis zu 4 Tagen haltbar.

ein Fisch in der Suppe

1 Schalotten in aufschäumender Butter andünsten. Portulak und Kartoffeln beifügen und kurz mitdünsten.

2 Mit Bouillon knapp bedecken und zugedeckt bei mittlerer Hitze weichdünsten. Leicht auskühlen lassen, dann pürieren.

3 In die Pfanne zurückgiessen und mit soviel Bouillon wie nötig zu einer geschmeidigen Konsistenz verlängern. Bis knapp vor den Kochpunkt bringen. Meerrettich und Rahm dazugeben und würzen.

4 In vorgewärmte tiefe Teller verteilen. Forellenstreifen hineinlegen und mit Portulakblättchen bestreuen.

Portulaksuppe mit Räucherforelle

½ **Schalotte, gehackt**
Butter zum Andünsten
200 g Portulak, gewaschen
1 mittelgrosse Kartoffel, geschält, in kleine Würfel geschnitten
2,5–3 dl Gemüsebouillon
½ **TL Meerrettich (im Glas)**
1 dl Vollrahm
Salz, Pfeffer

150 g Räucherforelle, schräg in Streifen geschnitten
einige Portulakblättchen

Portulak macht sich auch gut im Salat. Als Gemüse ist er wie Spinat zuzubereiten. Seine fleischigen Blättchen sind angenehm mild im Geschmack und bis zu einer Woche haltbar.

wärmstens empfohlen

1 Für die Sauce Honig in aufschäumender Butter auflösen. Mit Bouillon ablöschen, Rhabarber beifügen und zugedeckt knapp weichdünsten.

2 Die Hälfte der Rhabarberstücke herausnehmen. Restlichen Rhabarber zugedeckt sehr weichkochen. Verrühren, Rahm beifügen und leicht würzen.

3 Schweinsplätzli mit Honig bestreichen, würzen und in Bratbutter bei mittlerer Hitze 5–7 Minuten goldbraun braten. Herausnehmen und zugedeckt kurz ruhen lassen.

4 Bratsatz mit Rhabarbersauce auflösen. Rhabarberstücke beifügen, erhitzen und abschmecken.

5 Etwas Sauce auf vorgewärmte Teller geben und Schweinsplätzli dazu anrichten.

Dazu passt Reis, z. B. Basmati.

Schweinsplätzli an Rhabarber-Honig-Sauce

Sauce:
2 EL Honig
1 EL Butter
0,5 dl Gemüsebouillon
200 g Rhabarber, gerüstet, in Stücke geschnitten
0,5 dl Vollrahm
Salz, Pfeffer

4 Schweinsplätzli vom Nierstück, je ca. 70 g
2 EL flüssiger Honig
Salz, Pfeffer
Bratbutter oder Bratcrème

Zum Braten von Fleisch empfehlen sich Bratbutter und Bratcrème: Sie sind hoch erhitzbar, spritzen nicht und verbrennen nicht.

ein Hoch dem Soufflé

1 Spargeln schälen. Mit Butter und Zucker in wenig Salzwasser zugedeckt knackig kochen. Herausnehmen, in mundgerechte Stücke schneiden und in die ausgebutterte Form verteilen. Gruyère darüberstreuen.

2 Für die Soufflémasse Eigelb und Kerbel gut verrühren. Eiweiss mit Gewürzen und Backpulver steif schlagen. Eischnee und Rahm sorgfältig unter das Eigelb ziehen.

3 Spargeln mit Soufflémasse bedecken und in der Mitte des auf 200 °C vorgeheizten Ofens 15–20 Minuten hellbraun backen. Herausnehmen und sofort servieren.

Dazu passen gebratene Frühkartoffeln.

Soufflierte Spargeln mit Kerbel und Gruyère

Für 1 Gratinform von 25 cm Länge

Butter für die Form

500 g weisse Spargeln
1 TL Butter
½ TL Zucker
50 g Gruyère, frisch gerieben

Soufflémasse:
2 Eigelb
2 EL frischer Kerbel, fein gehackt
2 Eiweiss
Salz, Pfeffer, Muskatnuss
1 Messerspitze Backpulver
0,5 dl Vollrahm, steif geschlagen

ein Muss für Geniesser

1 Für die Mousse Milch aufkochen. Pfanne von der Platte ziehen und Schokolade darin schmelzen. Leicht auskühlen lassen.

2 Minze und Rahm unter die noch flüssige Schokolade ziehen. Mindestens 1 Stunde kühl stellen.

3 Für die Sauce alle Zutaten pürieren. Über der Mousse verteilen. Mit Erdbeeren garnieren und mit Puderzucker bestäuben.

Schokolade-Mousse mit Minze und Erdbeersauce

Mousse:
0,5 dl Milch
100 g weisse Schokolade,
in Stücke gebrochen
1 EL frische Minze, gehackt
1 dl Vollrahm,
steif geschlagen

Sauce:
100 g Erdbeeren
1 EL Vanillezucker
etwas Zitronensaft
1 EL Mineralwasser

einige Erdbeeren
Puderzucker

Je mehr Kakaobutter, desto besser die Schokolade – der ultimative Schoggi-Test: knackt heftig beim Abbrechen und zergeht in Sekundenschnelle auf der Zunge.

da bleibt kein **Körnchen** übrig

1 Für die Reistätschli Schalotten in Butter andünsten. Reis beifügen und glasig dünsten. Knoblauch dazupressen, mit Weisswein ablöschen und einkochen.

2 Mit Bouillon aufgiessen und zugedeckt bei kleiner Hitze köcheln lassen, bis die Flüssigkeit vollständig aufgesogen und der Reis gar und sehr trocken ist.

3 Pfanne von der Platte ziehen. Ei und Gruyère daruntermischen und würzen. Auskühlen lassen.

4 Von der Reismasse mit zwei Esslöffeln Portionen abstechen, in aufschäumende Bratbutter geben, flachdrücken und zu Tätschli braten. Fertige Tätschli im auf 50 °C vorgeheizten Ofen warm halten.

5 Für das Spinatgemüse Schalotten in aufschäumender Butter andünsten. Spinat tropfnass beifügen, Knoblauch dazupressen und dünsten, bis keine Flüssigkeit mehr vorhanden ist. Rahm dazugiessen und würzen.

6 Spinatgemüse auf vorgewärmten Tellern anrichten. Reistätschli daraufsetzen und servieren.

Reistätschli mit Spinatgemüse

Für etwa 12 Stück

Reistätschli:
1 Schalotte, gehackt
Butter zum Andünsten
100 g Risottoreis
1 Knoblauchzehe
0,5 dl Weisswein
1,5–2 dl Bouillon
1 Ei
50 g Gruyère, frisch gerieben
Salz, Pfeffer, Muskatnuss
Bratbutter oder Bratcrème

Spinatgemüse:
1 Schalotte, gehackt
Butter zum Andünsten
300 g Spinat, gerüstet
1 Knoblauchzehe
0,5 dl Vollrahm
Salz, Pfeffer, Muskatnuss

Ideal für Resten: Tätschli mit 250 g übriggebliebenem Risottoreis bzw. Trockenreis zubereiten.

frohe Ostern!

1 Kaninchenragout würzen und in Bratbutter rundum anbraten. Kurz vor Ende der Bratzeit Frühlingszwiebeln und Gemüse beifügen und mitbraten.

2 Apfelwein angiessen, Knoblauch dazupressen und zugedeckt bei kleiner Hitze 30–40 Minuten schmoren, ab und zu wenden. Dann offen weitere 10–15 Minuten schmoren.

3 Rahm angiessen, kurz aufkochen und nach Bedarf nachwürzen.

4 Kaninchenragout und Gemüse in vorgewärmte tiefe Teller verteilen und mit reichlich Sauce servieren.

Dazu passt Polenta.

Kaninchen in Apfelwein

600 g Kaninchenragout
Salz, Pfeffer
Bratbutter oder Bratcrème

2 Frühlingszwiebeln, gehackt
je 100 g Rüebli,
Stangensellerie und Lauch,
gerüstet, in grobe Stücke
geschnitten
3,5 dl Apfelwein
2 Knoblauchzehen
1 dl Vollrahm

gut gemacht

1 Für den Teig Mehl und Salz mischen. Eier nach und nach mit einem Holzlöffel beifügen. Mit Öl und soviel Wasser wie nötig zu einem geschmeidigen Teig kneten. In Folie gewickelt 2 Stunden ruhen lassen.

2 Teig in 4 Stücke teilen und auf wenig Mehl ca. 2 mm dick auswallen. 2 Teigstücke mit wenig Wasser bepinseln. Mit Petersilienblättern belegen und mit den 2 anderen Teigstücken bedecken.

3 Gefüllte Teigstücke auf wenig Mehl ca. 2 mm dick auswallen und in beliebige Stücke (Malfatti) schneiden.

4 Für die Sauce Mascarpone in Bouillon bei mittlerer Hitze schmelzen. Haselnüsse und Zitronenschale beifügen und würzen.

5 Malfatti in reichlich Salzwasser mit Öl ca. 4 Minuten al dente kochen. Abgiessen und gut abtropfen lassen.

6 In vorgewärmten tiefen Tellern anrichten. Mascarpone-Haselnuss-Sauce darübergiessen. Mit Sbrinz und Haselnüssen bestreuen.

Petersilien-Malfatti mit Mascarpone-Sauce

Teig:
200 g Mehl
½ TL Salz
2 Eier
2 EL Öl
1–2 EL Wasser

½ Bund glattblättrige Petersilie

Sauce:
250 g Mascarpone
0,5 dl Bouillon
2 EL Haselnüsse, fein gehackt
½ Zitrone,
abgeriebene Schale
Salz, Pfeffer, Muskatnuss

1 EL Öl

50 g Sbrinz, frisch gerieben
1 EL Haselnüsse, grob gehackt

Teig am Vorabend zubereiten oder wenn am Sonntagnachmittag der Regen an die Scheiben klopft: für einen gemütlichen Pasta-Abend.

zum **Zmittag, Zvieri** oder **Znacht**

1 Radieschen und Hobelkäse auf Tellern anrichten.

2 Für die Vinaigrette alle Zutaten verrühren. Über Hobelkäse und Radieschen träufeln. Pfeffern.

Dazu passt Roggenbrot mit Butter.

Hobelkäse und Radieschen an Kresse-Vinaigrette

1 Bund Radieschen, gerüstet, in Scheiben geschnitten
150–200 g Hobelkäse

Vinaigrette:
6 EL Öl
1 ½ EL Zitronensaft
½ TL Senf
2 EL Kresse, gehackt

Pfeffer

Frisch aus der Mühle schmeckt Pfeffer am besten. Fertig gemahlen verliert er rasch sein rundes Aroma. Zudem ist die Menge besser dosierbar.

ofenfrisch ...

1 Mehl, Mohnsamen und Salz mischen. Hefe mit Zucker flüssig werden lassen. Butter in Milch bei mittlerer Hitze schmelzen.

2 Milch-Butter-Gemisch zum Mehl giessen, Hefe beifügen und zu einem geschmeidigen Teig kneten. Zugedeckt bei Raumtemperatur ums Doppelte aufgehen lassen.

3 Teig kurz durchkneten. Kleine Brötchen formen und auf einem mit Backpapier belegten Blech zu 4 Blumen anordnen. Mit Eigelb bepinseln und mit Mohnsamen bestreuen.

4 In der Mitte des auf 180 °C vorgeheizten Ofens ca. 30 Minuten goldbraun backen. Herausnehmen und auf einem Gitter auskühlen lassen.

Mohnblumen

Dazu passt aromatisierte Butter: Weiche Butter mit abgeriebener Zitronenschale, Orangenschale oder Zimt vermischen.

Für 4 Stück

500 g Mehl
50 g Mohnsamen
2 TL Salz
20 g Hefe
2 TL Zucker
100 g Butter
3 dl Milch

1 Eigelb mit 1 EL Vollrahm
verquirlt
Mohnsamen

... und tiefgekühlt: Zum Beispiel 2 Mohnblumen als Notvorrat einfrieren.

rührselig

1 Schalotten in Butter andünsten. Reis beifügen und glasig dünsten. Knoblauch dazupressen, mit Weisswein ablöschen und einkochen.

2 Etwas Bouillon dazugiessen. Spargeln und Vanillestengel beifügen.

3 Restliche Bouillon nach und nach dazugeben. Bei mittlerer Hitze 20–25 Minuten al dente kochen, öfters rühren. Zitronensaft dazugiessen und würzen. Der Risotto sollte eine suppige Konsistenz haben.

4 Butter, Sbrinz und Kerbel daruntermischen. Von der Platte ziehen und zugedeckt 5 Minuten ruhen lassen. Vanillestengel entfernen.

5 In vorgewärmten tiefen Tellern anrichten. Mit Sbrinz bestreuen und servieren.

Vanillerisotto mit Spargeln und Kerbel

1 Schalotte, gehackt
Butter zum Andünsten
125 g Risottoreis
½ Knoblauchzehe
0,75 dl Weisswein
3–4 dl Bouillon
200 g grüne Spargeln, gerüstet, schräg in ca. 2 cm lange Stücke geschnitten
½ Vanillestengel, aufgeschlitzt
wenig Zitronensaft
Salz, Pfeffer
1 EL Butter
2–3 EL Sbrinz, frisch gerieben
1 EL Kerbel, gehackt

2–3 EL Sbrinz, frisch gerieben

Komposition in **Grün-Blau**

1 Schalotten in aufschäumender Butter andünsten. Bärlauch und Spinat tropfnass, portionenweise beifügen. Knoblauch dazupressen und dünsten, bis keine Flüssigkeit mehr vorhanden ist. Zitronensaft dazugiessen und würzen. Auskühlen lassen.

2 Für die Blaukäse-Béchamel-Sauce Mehl in aufschäumender Butter gut dünsten. Milch dazugiessen und unter Rühren aufkochen. Pfanne von der Platte ziehen. Blauschimmelkäse in der Béchamel-Sauce schmelzen. Würzen.

3 Ein Drittel der Bärlauch-Spinat-Mischung auf dem Boden der ausgebutterten Form verteilen, ein Drittel der Sauce darübergiessen und mit der Hälfte der Lasagneblätter bedecken. So weiterfahren, bis alle Zutaten aufgebraucht sind, mit Sauce abschliessen.

4 Lasagne mit Sbrinz bestreuen und mit Butterflocken belegen. In der Mitte des auf 200 °C vorgeheizten Ofens 30–40 Minuten überbacken.

Bärlauch-Blaukäse-
Lasagne

Für 1 Gratinform
von 25 cm Länge

Butter für die Form

1 Schalotte, gehackt
Butter zum Andünsten
250 g Bärlauch, gerüstet
250 g Spinat, gerüstet
1 Knoblauchzehe
wenig Zitronensaft
Salz, Pfeffer

Blaukäse-Béchamel-Sauce:
1 EL Butter
2 EL Mehl
3,5 dl Milch
150 g Blauschimmelkäse,
z. B. Couronzola,
in Stücke geschnitten
Salz, Pfeffer, Muskatnuss

100 g Lasagneblätter

50 g Sbrinz, frisch gerieben
Butterflocken

Wenn Bärlauch und frischer Spinat nicht zur Hand sind – ohne Bärlauch und mit tiefgekühltem Spinat gelingt die Lasagne ebensogut.

mit der tollen **Knolle**

1 Kartoffeln (mit Schale) in wenig Salzwasser zugedeckt weichkochen. Noch warm schälen und in Scheiben schneiden.

2 Für die Vinaigrette alle Zutaten verrühren. Sorgfältig mit Bärlauch und warmen Kartoffeln mischen. 10 Minuten ziehen lassen.

3 Radieschen daruntermischen. Auf Tellern anrichten und servieren.

Kartoffelsalat an
Bärlauch-Vinaigrette

500 g Kartoffeln, z. B. Charlotte

Vinaigrette:
4 EL Bouillon
2 EL Öl
3 EL Halbrahm
4 EL Essig
1 Schalotte, gehackt
1 TL Senf
Salz, Pfeffer

50 g Bärlauch,
in Streifen geschnitten
2 Bund Radieschen,
in Viertel geschnitten

Die spriessende Vielfalt des Frühlings lässt Variationen in der Zubereitung aufblühen:
Statt Bärlauch Kresse, Löwenzahn oder Portulak verwenden.

schön und gesund fürs Auge

1 Für die Sauce Essig und Bouillon zur Hälfte einkochen. Rahm dazugiessen, kurz durchkochen und würzen.

2 Rüeblikraut bis auf 1 cm wegschneiden. Rüebli schaben. Zucker in aufschäumender Butter schmelzen. Rüebli beifügen, würzen und zugedeckt bei kleiner Hitze weichdünsten.

3 Zanderfilets schräg in 4–5 Stücke schneiden. Würzen und in mässig heisser Bratbutter goldgelb braten.

4 Zanderfilets mit Rüebli auf vorgewärmten Tellern anrichten. Sauce dazu servieren.

Dazu passen Frühkartoffeln.

Zander an Balsamico-Sauce
mit Bundrüebli

Sauce:
1 ½ EL Balsamico-Essig
0,5 dl Fisch- oder
Gemüsebouillon
1 dl Vollrahm
Salz, Pfeffer

250 g Bundrüebli mit Kraut
1 TL Butter
1 TL Zucker
Salz, Pfeffer

300 g Zanderfilets
Salz, Pfeffer
Bratbutter oder Bratcrème

herrlich **warm** heute

1 Unterster Teil der Spargeln entfernen. Spargeln schräg in 3–5 cm lange Stücke schneiden. In mässig heisser Butter je nach Dicke 10–20 Minuten knackig garen, öfters rühren.

2 Würzen, mit Zitronensaft mischen und auf Teller verteilen.

3 Ziegenkäse in Stücke schneiden und auf ein mit Backpapier belegtes Blech legen.

4 Im oberen Teil des auf 180 °C vorgeheizten Ofens ca. 5 Minuten erwärmen. Auf dem Spargelsalat anrichten, pfeffern und mit Schnittlauch bestreuen.

Gebratener Spargelsalat mit warmem Ziegenkäse

500 g grüne Spargeln
2 EL Butter
Salz, Pfeffer
2 Prisen Zucker
1 EL Zitronensaft

100–150 g Ziegenkäse

Pfeffer
½ Bund Schnittlauch,
in Röllchen geschnitten

für einen süssen Erdbeermund

1 Für den Teig Mehl, Butter, Salz und Zucker verreiben. Hefe dazugeben und zu einem geschmeidigen Teig zusammenfügen. Bei Raumtemperatur 30 Minuten ruhen lassen.

2 Mascarpone, Doppelrahm, Vanillezucker, Vanillemark und Zitronenschale zu einer festen Masse verrühren.

3 Teig 1–2 mm dick auswallen und Rechtecke (ca. 3,5 × 10 cm) ausschneiden. Im oberen Teil des auf 200 °C vorgeheizten Ofens 5–10 Minuten hellbraun backen. Auskühlen lassen.

4 Erdbeeren kurz vor dem Anrichten längs in Scheiben schneiden. Nach Belieben zuckern.

5 Vanille-Mascarpone auf die Böden spritzen oder streichen. Erdbeeren daraufverteilen und mit Pfeffer übermahlen.

Erdbeerschnittchen mit Vanille-Mascarpone

Für 10–14 Stück

Teig:
100 g Mehl
50 g Butter, kalt,
in Stücke geschnitten
2 Prisen Salz
1½ EL Zucker
5 g Hefe mit 2 Prisen Zucker in
1 EL Vollrahm aufgelöst

100 g Mascarpone, kalt
0,75 dl Doppelrahm, kalt
1–2 EL Vanillezucker
¼ Vanillestengel,
ausgeschabtes Mark
wenig abgeriebene
Zitronenschale

150 g Erdbeeren
Zucker, nach Belieben

schwarzer Pfeffer

Lieber rund als eckig, gross statt klein? Dann den Teig (geht übrigens auch mit gekauftem Butterblätterteig) in einer Form von 16 cm ø blindbacken und eine Torte zubereiten.

Hut ab

1 Für die Basilikumhaube oberes Drittel der Formaggini abschneiden und mit einer Gabel zerdrücken.

2 Mit Mascarpone gut mischen. Basilikum darunterziehen und würzen.

3 Formaggini auf Tellern anrichten. Basilikummasse daraufverteilen. Mit Öl und Essig beträufeln und servieren.

Dazu passen Weissbrot oder Gschwellti und Salat.

Formaggini mit
Basilikumhaube

4 Formaggini, je ca. 70 g

2 EL Mascarpone
4 Basilikumblätter,
in Streifen geschnitten
Salz, Pfeffer

Olivenöl
Balsamico-Essig

jetzt oder nie

1 Rhabarber in aufschäumender Butter andünsten. Mit Zucker und Vanillezucker bestreuen und zugedeckt knapp weichdünsten. In die ausgebutterten Förmchen verteilen.

2 Für die Meringage Eiweiss steif schlagen. Zucker einrieseln und weiterschlagen, bis die Masse glänzt. Mandeln und Bittermandelaroma daruntermischen. Meringage auf den Gratins verteilen.

3 Im oberen Teil des auf 220 °C vorgeheizten Ofens 5–10 Minuten braun werden lassen. Sofort servieren.

Rhabarbergratins mit Mandelmeringage

Für 2 Portionenförmchen von 15 cm ⌀

Butter für die Förmchen

200 g Rhabarber, gerüstet, in Stücke geschnitten
Butter zum Andünsten
3–4 EL Zucker
1 Päckchen Vanillezucker

Meringage:
1 Eiweiss
1 EL Zucker
1 EL gemahlene Mandeln
wenig Bittermandelaroma

Die Rhabarbersaison dauert nur von Mitte März bis Mitte Juni. Zum Glück lassen sich die Gratins auch mit Aprikosen oder Zwetschgen zubereiten!

Frühlingsdüfte

1 Für die Suppe Frühlingszwiebeln in aufschäumender Butter andünsten. Knoblauch
dazupressen, mit Bouillon knapp bedecken
und zugedeckt sehr weichdünsten. Leicht
auskühlen lassen, dann pürieren.

2 In die Pfanne zurückgiessen und bis knapp
vor den Kochpunkt bringen. Rahm und
Zitronensaft beifügen. Würzen.

3 Für das Knoblauch-Baguette alle Zutaten
gut verrühren und auf die Brotscheiben
streichen. Im oberen Teil des auf 200 °C vorgeheizten Ofens ca. 5 Minuten backen.

4 Suppe in vorgewärmten tiefen Tellern anrichten und Frühlingszwiebelrädchen darüberstreuen. Mit Knoblauch-Baguette servieren.

Frühlingszwiebelsuppe
mit Knoblauch-Baguette

Suppe:
200 g Frühlingszwiebeln
mit Stengeln,
in Rädchen geschnitten
Butter zum Andünsten
1 Knoblauchzehe
2,5–3 dl Gemüsebouillon
1 dl Vollrahm
wenig Zitronensaft
Salz, Pfeffer, Muskatnuss

Knoblauch-Baguette:
40 g Butter, weich
1 Knoblauchzehe, gepresst
Salz, Pfeffer
Frühlingszwiebelstengel,
fein gehackt
150–200 g Baguette,
in Scheiben geschnitten

1 Frühlingszwiebelstengel,
in Rädchen geschnitten

alles **in Butter**

1 Für die Quark-Kräuter-Butter alle Zutaten
gut verrühren. Kühl stellen.

2 Kartoffeln gut waschen. In aufschäumender
Bratbutter zugedeckt bei mittlerer Hitze
10 Minuten, dann offen weitere 10 Minuten
weichbraten. Salzen.

3 Kartoffeln auf Teller verteilen. Quark-
Kräuter-Butter dazu anrichten.

Dazu passt ein Stück Käse.

Frühkartoffeln mit
Quark-Kräuter-Butter

Quark-Kräuter-Butter:
50 g Butter, weich
100 g Magerquark,
zimmerwarm
½ TL Senf
1 Schalotte, gehackt
2 EL Kräuter, z. B. Schnitt-
lauch, Bärlauch,
Petersilie, Dill, gehackt
Salz, Pfeffer, Muskatnuss

400 g kleine Frühkartoffeln
Bratbutter oder Bratcrème
Salz

Alles Butter: einheimisch, natürlich, aus reinem Milchrahm, leicht verdaulich,
mit Vitaminen A und D.

einfach

1 Spargeln in mundgerechte Stücke schneiden. In die ausgebutterten Förmchen verteilen.

2 Eier hineinschlagen, Doppelrahm darübergeben und würzen.

3 In der Mitte des auf 180 °C vorgeheizten Ofens 12–15 Minuten backen, bis das Eiweiss gestockt ist.

Dazu passt frisches Brot.

Ei und Spargeln im Töpfchen

Für 4 Förmchen von 1,5–2 dl Inhalt

Butter für die Förmchen

100 g grüne Spargeln, gekocht
4 Eier
4 TL Doppelrahm
Salz, Pfeffer, Muskatnuss

Schmeckt auch mit vorhandenen Gemüseresten einfach gut.

Sommer

Sommerteller

1 Für die Mousse Ziegen-Frischkäse mit Doppelrahm pürieren. Basilikum darunterziehen und würzen. Mindestens 30 Minuten kühl stellen.

2 Für die Vinaigrette alle Zutaten verrühren.

3 Von der Mousse mit zwei Esslöffeln Nocken abstechen. Auf Tellern anrichten und mit Vinaigrette umgiessen.

Dazu passt Toast.

Ziegen-Frischkäse-Mousse
an Gemüse-Vinaigrette

Mousse:
150 g Ziegen-Frischkäse, kalt
1,5 dl Doppelrahm, kalt
2 EL Basilikum,
in Streifen geschnitten
Salz, Pfeffer

Vinaigrette:
3 EL Öl
1 ½ EL Essig
4 EL gemischtes
Sommergemüse, z. B.
Zucchetti, Peperoni, Tomaten,
in kleine Würfel geschnitten
Salz, Pfeffer

Nicht verpassen – vom 21. Juni bis 22. September ist Sommer angesagt!

Pasta basta

1 Für die Sauce Schalotten in aufschäumender Butter andünsten. Zucchetti und Peperoni beifügen. Knoblauch dazupressen. Bouillon dazugiessen und zugedeckt bei mittlerer Hitze knapp weichdünsten. Rahm angiessen und leicht einkochen. Schnittlauch daruntermischen und würzen.

2 Bucatini in reichlich Salzwasser al dente kochen. Abgiessen und gut abtropfen lassen.

3 Sauce kurz erhitzen und Bucatini daruntermischen. In vorgewärmten tiefen Tellern anrichten und mit Sbrinz bestreuen.

Bucatini an Zucchetti-Peperoni-Sauce

Sauce:
1 Schalotte, gehackt
Butter zum Andünsten
1 kleine Zucchetti, halbiert,
in Scheiben geschnitten
1 kleine rote Peperoni,
in Würfel geschnitten
1 Knoblauchzehe
1 dl Bouillon
1,5 dl Vollrahm
1 Bund Schnittlauch,
in Röllchen geschnitten
Salz, Pfeffer

150–200 g Bucatini-Teigwaren

50 g Sbrinz, frisch gerieben

gastfreundlich

1 Bohnen in reichlich Salzwasser knackig blanchieren. 0,5 dl Kochwasser für die Sauce abschöpfen, Rest abgiessen.

2 Rindfleisch würzen und in Bratbutter bei grosser Hitze goldbraun anbraten. Herausnehmen und im auf 80 °C vorgeheizten Ofen warm stellen.

3 Für die Sauce Bratsatz mit Bohnenkochwasser und Weisswein auflösen und gut zur Hälfte einkochen. Doppelrahm angiessen und kurz durchkochen. Safran und Zitronensaft beifügen. Würzen.

4 Rindfleisch in die Sauce geben und zugedeckt bei kleiner Hitze 20 Minuten ziehen lassen.

5 Butter schmelzen, Bohnen beifügen und erwärmen. Mit dem Rindsgeschnetzelten anrichten.

Dazu passen breite Nudeln.

Rindsgeschnetzeltes
an Safransauce mit Bohnen

**200 g Bohnen, gerüstet,
schräg in Stücke geschnitten**

**300 g geschnetzeltes
Rindfleisch**
Salz, Pfeffer
Bratbutter oder Bratcrème

Sauce:
0,5 dl Weisswein
1 dl Doppelrahm
**¼ TL Safranfäden oder
2 Messerspitzen Safranpulver**
wenig Zitronensaft
Salz, Pfeffer

Butter

Ruck, zuck – die Bohnen mit dem Fleisch in der Safransauce erwärmen.

Fitnessen

1 Tomaten und Zucchetti fächerartig auf
Tellern anrichten. Peperoni daraufverteilen.

2 Für die Vinaigrette alle Zutaten verrühren
und darüberträufeln.

3 Für den Basilikum-Mascarpone alle Zutaten
mischen und auf dem Gemüse anrichten.

Sommergemüse mit
Basilikum-Mascarpone

**2 Tomaten,
in Scheiben geschnitten
1 kleine Zucchetti,
in Scheiben geschnitten
je ½ gelbe und rote Peperoni,
in Würfel geschnitten**

**Vinaigrette:
6 EL Öl
3 EL Balsamico-Essig
1 Knoblauchzehe, gepresst
Salz, Pfeffer**

**Basilikum-Mascarpone:
100 g Mascarpone
Salz, Pfeffer
½ Knoblauchzehe, gepresst
frisches Basilikum,
in Streifen geschnitten**

Weitere Fitnesstips und Ernährungsinfos gibt's im Internet unter: www.swissmilk.ch

die Crème de la Crème

1 Aprikosen mit Marsala und Zucker
zugedeckt bei kleiner Hitze weichdünsten.
Auskühlen lassen, dann pürieren und
zwei Drittel des Pürees in 2 Gläser verteilen.

2 Restliches Püree mit Vanillezucker und
Zitronenschale mischen. Rahm darunterziehen
und in die Gläser füllen. Mit Basilikumblättchen garnieren.

Aprikosen-Marsala-Creme

**300 g Aprikosen, entsteint,
in Viertel geschnitten
0,5 dl Marsala
(sizilianischer Süsswein)
3 EL Zucker
1 Päckchen Vanillezucker
etwas abgeriebene
Zitronenschale
1,25 dl Vollrahm,
steif geschlagen**

einige Basilikumblättchen

Wenn der Marsala nicht zum Barinventar gehört: Weisswein oder Wasser verwenden.

Lammfromm

1 Für die Rosmarinbutter alle Zutaten gut verrühren. Butter auf einen ca. 10 cm breiten Backpapierstreifen geben, diesen überschlagen und die Butter mit einem Teighorn zu einer Rolle zusammenschieben. Im Tiefkühler 10–20 Minuten durchkühlen lassen.

2 Lammrack würzen und in Bratbutter bei mittlerer Hitze 10–15 Minuten rundum goldbraun braten.

3 Lammrack aufschneiden und auf vorgewärmten Tellern anrichten. Rosmarinbutter in Scheiben schneiden und dazulegen.

Dazu passen die Zucchetti mit Amarettifüllung (Rezept Seite 156), dabei den Hüttenkäse weglassen.

Lammrack mit
Rosmarinbutter

Rosmarinbutter:
100 g Butter, weich
Salz, Pfeffer
1 Knoblauchzehe, gepresst
1 TL Senf
1 Rosmarinzweig, Nadeln,
fein gehackt

1 Lammrack, ca. 400 g
Salz, Pfeffer
Bratbutter oder Bratcrème

Butterzart: Mit Rosmarinbutter werden auch Lammkoteletts, Lammrückenfilets, Pouletschenkel usw. noch ein bisschen zarter – darum ein bisschen mehr zubereiten und tiefkühlen.

macht restlos glücklich

1 Aubergine in Scheiben schneiden, salzen und 15 Minuten ziehen lassen. Kalt abspülen und mit Haushaltpapier trocknen. In Bratbutter weichdünsten. Auf Haushaltpapier entfetten und auskühlen lassen, dann in Viertel schneiden.

2 Penne in reichlich Salzwasser al dente kochen. Abgiessen und gut abtropfen lassen.

3 Für die Sauce alle Zutaten verrühren.

4 Auberginen, Penne und Tomaten mit Sauce mischen und 30 Minuten ziehen lassen. Auf Teller verteilen, Feta darübergeben und mit Rosmarin garnieren.

Pennesalat mit Auberginen, Tomaten und Feta

1 kleine Aubergine
Salz
Bratbutter oder Bratcrème

150 g Penne

Sauce:
4 EL Öl
4 EL Halbrahm
3 EL Balsamico-Essig
1 Knoblauchzehe, gepresst
einige Rosmarinnadeln,
fein gehackt
Salz, Pfeffer

1 Fleischtomate,
in Stücke geschnitten
150 g Schweizer Feta,
in Stücke gebrochen

2 Rosmarinzweige

Beim letzten Teigwarenschmaus zuviel gekocht? Glück gehabt – jetzt gibt's Pennesalat.

Supper!

1 Für die Suppe alle Zutaten gut verrühren.

2 Gurke daruntermischen. Mindestens 1 Stunde kühl stellen.

3 Suppe nachwürzen. In Suppentassen verteilen. Mit Cherrytomaten und Dill garnieren.

Joghurtsuppe mit Gurke und Cherrytomaten

Suppe:
360 g Joghurt nature
200 g Crème fraîche
1 TL Zitronensaft
1 Knoblauchzehe, gepresst
2 Prisen Zucker
frischer Dill, gehackt
Salz, Pfeffer

150 g Gurke, grob geraffelt

Cherrytomaten,
in Viertel geschnitten
einige Dillzweige

Auch super: mit Zucchetti oder Fenchel statt Gurke.

Eiszeit

1 Für die Mousse Himbeeren, Zucker und Vanillezucker mischen. Rahm darunterziehen. In die Tassen füllen und ca. 2 Stunden tiefkühlen.

2 Für die Sauce Milch aufkochen. Eigelb und Zucker schaumig rühren. Milch dazugiessen, in die Pfanne zurückgeben und bei kleiner Hitze zu einer dicklichen Konsistenz rühren. Bittermandelaroma beifügen.

3 Mandelblättchen in einer Pfanne ohne Fett kurz rösten. Davon 2 EL hacken und zur Sauce mischen.

4 Tassen kurz in heisses Wasser tauchen. Mousse mit einem Messer vom Rand lösen und auf Teller stürzen. Lauwarme Sauce dazugiessen. Mit Himbeeren garnieren und mit restlichen Mandelblättchen bestreuen.

Gefrorene Himbeer-Mousse mit Mandelsauce

Für 2 Tassen von 1,5 dl Inhalt

Mousse:
100 g Himbeeren, püriert
40 g Zucker
1 Päckchen Vanillezucker
1 dl Vollrahm, steif geschlagen

Sauce:
1 dl Milch
1 Eigelb
1 EL Zucker
wenig Bittermandelaroma
4 EL Mandelblättchen

einige Himbeeren

Gleiche Zeit – andere Beeren: Die Mousse lässt sich aus allen Saisonbeeren zubereiten.

das Gelbe vom Ei

1 Broccoli in reichlich Salzwasser knackig blanchieren. Abgiessen.

2 Eier verquirlen. Zitronensaft beifügen und würzen. Butter in einer Pfanne schmelzen. Eimasse dazugeben und mit einer Holzkelle hin- und herschieben, bis sie dicklich ist.

3 Broccoli in aufschäumender Butter erhitzen. Safran-Rührei auf vorgewärmten Tellern anrichten. Broccoli dazu servieren.

Safran-Rührei
mit Broccoligemüse

**250 g Broccoliröschen,
gerüstet**

**4 Eier
wenig Zitronensaft
2 Messerspitzen Safranpulver
Salz, Pfeffer
1 TL Butter**

Butter

für **Kaspar**

1 Tomaten in Stücke schneiden. Schalotten in aufschäumender Butter andünsten. Tomaten beifügen und kurz mitdünsten. Knoblauch dazupressen, Tomatenpüree dazugeben und mit Weisswein ablöschen.

2 Zitronenschale und Zitronenmelissenzweig beifügen. Zugedeckt bei kleiner Hitze ca. 20 Minuten köcheln lassen. Zitronenschale und Zitronenmelissenzweig entfernen. Würzen.

3 Fisch in Stücke (ca. 2 × 2 cm) schneiden. Mit Zitronensaft beträufeln und würzen. In die heisse aber nicht kochende Tomatensuppe legen und ca. 10 Minuten ziehen lassen.

4 In vorgewärmten tiefen Tellern anrichten und mit Rahm beträufeln.

Dazu passt das Knoblauch-Baguette (Rezept Seite 54).

Fisch-Tomaten-Suppe

500 g Fleischtomaten
1 Schalotte, gehackt
Butter zum Andünsten
1 Knoblauchzehe
1 EL Tomatenpüree
0,5 dl Weisswein
1 Stück dünn abgeschälte
Zitronenschale
1 Zitronenmelissenzweig,
nach Belieben
2 Prisen Zucker
Salz, Pfeffer

200–300 g Fisch, z. B. Felchen,
Zander, Egli, Forelle
Zitronensaft
Salz, Pfeffer

4 EL Vollrahm

Für mehr: Doppelte Menge Tomatensuppe zubereiten und die Hälfte (ohne Fisch) tiefkühlen.

mit **Pep**

1 Von den Peperoni einen Deckel abschneiden. Kerne mit einem Löffel entfernen.

2 Für die Füllung alle Zutaten mischen.

3 Füllung in die Peperoni verteilen und Deckel daraufsetzen. In die ausgebutterte Form stellen, mit Butterflocken belegen und Bouillon angiessen. In der Mitte des auf 180 °C vorgeheizten Ofens 35–45 Minuten überbacken.

4 Für das Knoblauch-Joghurt alle Zutaten verrühren. Dazu servieren.

Dazu passt Reis.

Peperoni mit Lammfleisch und Knoblauch-Joghurt

Für 1 Gratinform
von 25 cm Länge

Butter für die Form

2 gelbe oder rote Peperoni

Füllung:
300 g Lammfleisch, gehackt
1 Schalotte, gehackt
1 Knoblauchzehe, gepresst
einige Thymianblättchen
0,5 dl Rotwein
0,5 dl Bouillon
0,5 dl Vollrahm
Salz, Pfeffer

Butterflocken
1 dl Bouillon

Knoblauch-Joghurt:
180 g Joghurt nature
2 Knoblauchzehen, gepresst
einige Thymianblättchen
Salz, Pfeffer

Peppige Varianten: Statt Peperoni Tomaten, vorgekochte Patissons oder Brottaschen verwenden.

best of **Pesto**

1 Für das Pesto alle Zutaten pürieren. Die Hälfte in ein Glas geben, mit etwas Rahm bedecken und gut verschliessen – im Kühlschrank bis zu 4 Tagen haltbar.

2 Reichlich Salzwasser aufkochen. Bohnen beifügen, nach 5 Minuten Spaghetti dazugeben und knackig bzw. al dente kochen.

3 Während des Kochens 0,5 dl Kochwasser abschöpfen und mit Pesto verrühren.

4 Spaghetti und Bohnen abgiessen und gut abtropfen lassen. Mit Pesto mischen. In vorgewärmte tiefe Teller verteilen. Mit Sbrinz bestreuen und servieren.

Spaghetti an Rahm-Pesto mit Bohnen

Pesto (doppelte Menge):
25 g Basilikumblätter
1 Bund Petersilie,
ohne Stengel
50 g Sbrinz, frisch gerieben
50 g Baumnüsse
2 Knoblauchzehen, gepresst
Salz, Pfeffer
wenig abgeriebene
Zitronenschale
1 dl Vollrahm

200 g feine Bohnen, gerüstet,
schräg in Stücke geschnitten
200–250 g Spaghetti

50 g Sbrinz, frisch gerieben

Guten **Morgen!**

1 Für die Brötchen Mehl, Salz, Zucker und Backpulver mischen. Mit Butter verreiben. Milch dazugiessen und zu einem weichen Teig zusammenfügen.

2 Teig auf wenig Mehl von Hand ca. 1,5 cm dick ausdrücken. Mit einem Glas (6 cm ⌀) Brötchen ausstechen. Auf ein mit Backpapier belegtes Blech legen.

3 In der Mitte des auf 180 °C vorgeheizten Ofens ca. 20 Minuten backen. Herausnehmen und leicht auskühlen lassen.

4 Beeren in aufschäumende Butter geben, Zucker darüberstreuen und kurz erwärmen.

5 Brötchen aufschneiden, mit Schlagrahm bestreichen und mit Beeren belegen.

Frühstücksbrötchen mit Schlagrahm und Beeren

Für 6 Stück

Brötchen:
200 g Mehl
¾ TL Salz
20 g Zucker
3 TL Backpulver
60 g Butter, kalt,
in Stücke geschnitten
1,25 dl Milch

1 dl Vollrahm, steif geschlagen

1 TL Butter
200 g Himbeeren oder
Johannisbeeren
1 EL Zucker

Morgenstund' hat Gold im Mund: Weitere Brötchen tiefkühlen, auftauen, goldbraun toasten und mit Butter, Konfitüre, Käse, Milch usw. in den Tag starten!

alles in allem

1 Kefen in reichlich Salzwasser knackig blanchieren. 0,5 dl Kochwasser für die Füllung abschöpfen, Rest abgiessen.

2 Champignons putzen (nicht waschen) und je nach Grösse halbieren oder ganz lassen. Schalotten in aufschäumender Butter andünsten. Champignons beifügen, Knoblauch dazupressen und dünsten, bis keine Flüssigkeit mehr vorhanden ist.

3 Kefenkochwasser und Weisswein angiessen und zur Hälfte einkochen. Mit Saucenrahm aufgiessen, kurz durchkochen und würzen. Kefen beifügen und erwärmen.

4 Pastetli in der Mitte des auf 180 °C vorgeheizten Ofens 5–10 Minuten backen. Auf vorgewärmten Tellern anrichten und mit der Kefen-Champignons-Mischung füllen.

Kefen-Champignons-Pastetli

200 g Kefen, gerüstet, schräg in Stücke geschnitten
250 g braune Champignons
1 Schalotte, gehackt
Butter zum Andünsten
½ Knoblauchzehe
2 EL Weisswein
1 dl Saucenrahm
Salz, Pfeffer, Muskatnuss

4 Blätterteig-Pastetli

Die einheimische Erntezeit der Kefe ist im Vorsommer – wer danach noch Lob ernten will, sorgt vor bzw. friert ein.

Express-Päckli

1 Lattich in kochendem Salzwasser
4–5 Minuten blanchieren. Abgiessen, auf
einem Tuch trocknen und Blattrippen
flachschneiden.

2 Für die Füllung alle Zutaten gut mischen.

3 Je 1 EL Füllung auf Lattichblätter geben.
Zuerst Längsseiten, dann Breitseiten über
die Füllung legen und zu Päckli verschliessen.

4 Lattichpäckli mit dem Verschluss nach
unten in die ausgebutterte Form legen.
Bouillon angiessen. Butterflocken und
Tomaten darüberverteilen. In der Mitte des
auf 180 °C vorgeheizten Ofens 15–20 Minuten
überbacken.

Dazu passen Gschwellti.

Lattich mit Kräuterquark-
Zitronen-Füllung

Für 1 Gratinform
von 25 cm Länge

Butter für die Form

**8–12 grosse Lattichblätter,
gerüstet**

**Füllung:
450 g Rahmquark,
gut abgetropft
3 Eigelb
50 g gemischte Kräuter,
z. B. Basilikum, Schnittlauch,
glattblättrige Petersilie,
Minze, fein gehackt
½ Zitrone,
abgeriebene Schale
Salz, Pfeffer, Muskatnuss**

**0,5 dl Gemüsebouillon
Butterflocken
1 Tomate,
in kleine Würfel geschnitten**

*Und zu guter Letzt: Das nicht gebrauchte Eiweiss tiefkühlen und
zum Backen verwenden.*

Grillfest

1 Bratbutter in die Form geben und in der
Mitte des auf 220 °C vorgeheizten Ofens
schmelzen. Pouletschenkel würzen, in die
Form legen und im Ofen ca. 50 Minuten goldbraun braten, öfters mit Bratsatz übergiessen.

2 Für die Sauce alle Zutaten mischen.
Zu den Pouletschenkeln servieren.

Dazu passen Ofenkartoffeln (Rezept Seite 100),
dabei den Rosmarin weglassen.

Pouletschenkel
an Minzensauce

Für 1 Gratinform
von 25 cm Länge

**Bratbutter oder Bratcrème
2 Pouletschenkel, je ca. 200 g
Salz, Pfeffer**

**Sauce:
200 g Crème fraîche
Salz, Pfeffer
wenig abgeriebene
Zitronenschale
frische Minze,
in Streifen geschnitten**

Wenn die Sonne und der Grill glüht – Pouletschenkel oder auch Mistkratzerli im Freien grillieren.

da haben wir den Salat

1 Schnittsalat in mundgerechte Stücke
zupfen. Mit Kräutern mischen und auf Tellern
anrichten.

2 Für die Vinaigrette alle Zutaten verrühren.

3 Mozzarella und Peperoni auf dem Salat
verteilen. Mit Vinaigrette beträufeln und
servieren.

Salat mit Kräutern,
Mozzarella und Peperoni

**100–150 g Schnittsalat,
gerüstet
50 g gemischte Kräuter,
z. B. Basilikum, glattblättrige
Petersilie, Minze,
Zitronenmelisse, Blättchen,
gewaschen**

**Vinaigrette:
5 EL Öl
3 EL Balsamico-Essig
1 Knoblauchzehe, gepresst
2 Prisen Zucker
Salz, Pfeffer**

**150 g Mozzarella,
in Würfel geschnitten
½ gelbe Peperoni,
in kleine Würfel geschnitten**

in aller **Munde**

1 Kartoffeln waschen und je nach Grösse
in ca. 1 cm dicke Scheiben schneiden, vierteln
oder halbieren.

2 Auf ein grosszügig bebuttertes Blech legen.
Salzen, mit Butterflocken belegen oder mit
Bratcrème bestreichen.

3 Im oberen Teil des auf 200 °C vorgeheizten
Ofens ca. 25 Minuten backen. Mit Rosmarin
bestreuen und weiterbacken, bis die
Kartoffeln weich und leicht gebräunt sind.

Ofenkartoffeln

**Butter oder Bratcrème
für das Blech**

**500 g Kartoffeln, z. B. Sirtema
Salz
Butterflocken oder Bratcrème
1 Rosmarinzweig, Nadeln,
grob gehackt**

Mundet auch allen: Kartoffeln mit Ankezigerflocken belegen.

Gurkenzeit

1 Schalotten in aufschäumender Butter andünsten. Bündnerfleisch und Linsen beifügen und kurz mitdünsten. Knoblauch dazupressen und mit Bouillon ablöschen.

2 Thymianzweig dazugeben. Zugedeckt bei kleiner Hitze 10–15 Minuten knapp weichgaren. Rahm angiessen und leicht einkochen. Thymianzweig entfernen.

3 Gurken kurz vor Ende der Garzeit beifügen und erwärmen. Essig dazugiessen und würzen.

Dazu passen Blattsalat oder Lamm.

Rotes Linsengemüse
mit Gurke

1 Schalotte, fein gehackt
Butter zum Andünsten
50 g Bündnerfleisch,
in Streifen geschnitten
150 g rote Linsen
1 Knoblauchzehe
2,5–3,5 dl Bouillon
1 Thymianzweig
1 dl Vollrahm
200 g Gurke, geviertelt,
in Scheiben geschnitten
1 TL Balsamico-Essig
Salz, Pfeffer

ein Bouquet Röschen

1 Broccoli in reichlich Salzwasser knackig
blanchieren.

2 Für die Sauce 2 EL Kochwasser abschöpfen
(Rest abgiessen) und mit restlichen Zutaten
verrühren.

3 Warmen Broccoli zur Sauce geben.
Auf Tellern anrichten und Blauschimmelkäse
darüberverteilen.

Broccolisalat mit Blaukäse
und Minze

**400 g Broccoliröschen,
gerüstet**

**Sauce:
3 EL Öl
2 EL Vollrahm
3 EL Essig
Salz, Pfeffer
4 Minzenblättchen,
in Streifen geschnitten**

**100–150 g Blauschimmelkäse,
z. B. Couronzola,
in Stücke gebrochen**

Gut gerüstet: Für 400 g Broccoliröschen braucht es ca. 800 g Broccoli.

pfannenfertig

1 Fenchel in aufschäumender Butter zugedeckt bei mittlerer Hitze knapp weichdünsten.

2 Eier mit Rahm und Sultaninen verquirlen.
Würzen. Über den Fenchel giessen und
zugedeckt bei mittlerer Hitze braten, bis der
Boden goldbraun und die Oberfläche noch
flüssig ist.

3 Mit Baumnüssen bestreuen und servieren.

Fenchelomelette
mit Sultaninen und Nüssen

**200 g Fenchel, gerüstet,
in Stücke geschnitten
Butter zum Dünsten
4 Eier
4 EL Vollrahm
2 EL Sultaninen
etwas Fenchelkraut, gehackt
Salz, Pfeffer, Muskatnuss**

2 EL Baumnüsse, gehackt

Beerenhunger

1 Beeren mit Zucker kurz marinieren.

2 Für die Sauermilch alle Zutaten gut verrühren.

3 Sauermilch in tiefen Tellern anrichten und Beeren darüberverteilen.

Sommerbeeren mit Minze
in Sauermilch

**200–250 g Sommerbeeren,
gemischt oder 1 Sorte,
z. B. Himbeeren, Johannisbeeren, Heidelbeeren,
Stachelbeeren
1–2 EL Zucker**

**Sauermilch:
180 g Sauermilch
1 dl Milch
100 g Joghurt nature
40 g Zucker
Minze, in Streifen geschnitten**

im **Nu**

1 Für den Teig Mehl und Salz mischen.
Eier nach und nach mit einem Holzlöffel beifügen. Mit Öl und soviel Wasser wie nötig
zu einem geschmeidigen Teig kneten. In
Folie gewickelt 2 Stunden ruhen lassen.

2 Teig in 4 Stücke teilen und auf wenig Mehl
ca. 2 mm dick auswallen. Teigstücke mit Mehl
bestäuben, aufrollen, in beliebig breite Nudeln
schneiden und sofort wieder entrollen.

3 Tomaten in Würfel schneiden, würzen und
etwas ziehen lassen.

4 Nudeln in reichlich Salzwasser mit Öl
2−3 Minuten al dente kochen. Abgiessen
und gut abtropfen lassen.

5 Butter in der Nudelpfanne schmelzen.
Kräuter beifügen und kurz zusammenfallen
lassen.

6 Nudeln mit Butterkräutern mischen und
würzen. In vorgewärmten tiefen Tellern
anrichten. Mit Tomaten und Sbrinz bestreuen.

Hausgemachte Nudeln
mit Kräutern und Tomaten

Teig:
200 g Weiss- oder
Teigwarenmehl
½ TL Salz
2 Eier
2 EL Öl
1−2 EL Wasser

2 San-Marzano-Tomaten
(längliche Sorte)
Salz, Pfeffer

1 EL Öl

50 g Butter
1 Tasse gemischte Kräuter,
z. B. Basilikum, glattblättrige
Petersilie, Oregano, Blättchen
Salz, Pfeffer

50 g Sbrinz, frisch gerieben

Nudeln ohne Ende: Mehr Nudeln zubereiten. Auf bemehltem Tuch mindestens 12 Stunden
trocknen. Sie sind in einer gut verschliessbaren Dose bis zu 2 Wochen haltbar.

Petri Heil!

1 Forellen waschen und mit Haushaltpapier trocknen. Innen und aussen würzen und mit Zitronensaft beträufeln.

2 Für den Fenchel alle Zutaten mischen.

3 Zwei genügend grosse Stücke Alufolie bebuttern, Fenchel daraufgeben und je 1 Forelle darauflegen. Mit Butterflocken belegen und mit Weisswein beträufeln. Forellenpakete gut verschliessen und in eine Gratinform legen. In der Mitte des auf 180 °C vorgeheizten Ofens ca. 20 Minuten backen.

4 Herausnehmen, Alufolie an einer Stelle etwas aufreissen und Fischsud in einen Messbecher abgiessen. Forellenpakete im ausgeschalteten Ofen warm stellen.

5 Für das Sabayon Pernod und Weisswein zum Fischsud geben und mit Rahm auf 1,5 dl ergänzen. Eigelb in eine Schüssel geben, Flüssigkeit dazugiessen und im warmen Wasserbad zu einer dicklichen, schaumigen Creme schlagen. Würzen.

6 Forellen mit Fenchel auf Tellern anrichten. Sabayon dazu servieren.

Dazu passen mit abgeriebener Zitronenschale aromatisierter weisser Reis oder Salzkartoffeln.

Folienforellen
mit Fenchel an Sabayon

Butter für die Alufolie

2 ganze Forellen, küchenfertig
Salz, Pfeffer
Zitronensaft

Fenchel:
1 kleiner Fenchel, gerüstet,
dünn gehobelt
2 EL Crème fraîche
Fenchelkraut, gehackt
Salz, Pfeffer

Butterflocken
2 EL Weisswein

Sabayon:
1 EL Pernod,
nach Belieben
0,5 dl Weisswein
Vollrahm
2 Eigelb
Salz, Pfeffer

Gala-Diner

1 Wasser aufkochen, Salz und Safran beifügen. Blumenkohl dazugeben und knackig
garen.

2 Für die Sauce 1 dl Kochwasser abschöpfen
(Rest abgiessen) und mit restlichen Zutaten
bei mittlerer Hitze erwärmen. Gut verrühren.

3 Nudeln in reichlich Salzwasser al dente
kochen. Abgiessen und gut abtropfen lassen.

4 Blumenkohl in der Sauce erwärmen.
Nudeln daruntermischen und in vorgewärmten
tiefen Tellern anrichten. Mit Sbrinz bestreuen
und servieren.

Nudeln mit Blumenkohl
an Frischkäse-Sauce

1 l Wasser
Salz
1 Brieflein Safranpulver
300 g Blumenkohlröschen,
gerüstet

Sauce:
160 g Doppelrahm-Frischkäse,
z. B. Gala, Lido
0,5 dl Vollrahm
Salz, Pfeffer, Muskatnuss

150−200 g grüne Nudeln

50 g Sbrinz, frisch gerieben

Ideale Frischkäse für die warme Küche sind: die Doppelrahmigen wie Gala, Lido, Serafino
und Cristallina-Mascarpone sowie Rahmquark.

Sonnenenergie

1 Milch, Bouillon und Maisgriess unter ständigem Rühren aufkochen. Bei kleiner Hitze ausquellen, ab und zu rühren. Butter beifügen und würzen.

2 Die Hälfte der Polenta in die ausgebutterte Form geben. Je die Hälfte des Raclettekäses und der Tomaten darauflegen und würzen. Mit der anderen Hälfte der Zutaten wiederholen. Mit Butterflocken belegen.

3 In der Mitte des auf 180 °C vorgeheizten Ofens 30–40 Minuten überbacken.

Ofenpolenta mit
Raclettekäse und Tomaten

Für 1 Gratinform
von 22 cm Länge

Butter für die Form

1,5 dl Milch
1,5 dl Bouillon
60 g Maisgriess,
fein gemahlen
1 EL Butter
Salz, Pfeffer, Muskatnuss
150 g Raclettekäse,
in Scheiben geschnitten
2–3 Tomaten,
in Scheiben geschnitten
Salz, Pfeffer
Butterflocken

it's **Tea-Time**

1 Butter, Zucker, Vanillezucker, Salz, Zitronen-schale und Zitronensaft schaumig rühren. Ei darunterrühren. Mehl und Backpulver mischen, dazugeben und zu einem weichen Teig zusammenfügen. 2 Stunden kühl stellen.

2 Von Hand walnussgrosse Kugeln formen und mit grossem Abstand auf zwei mit Back-papier belegte Bleche legen.

3 Im oberen Teil des auf 180 °C vorgeheizten Ofens 10–12 Minuten backen.

Zitronen-Cookies

Für 25 – 30 Stück

140 g Butter, weich
125 g Zucker
1 Päckchen Vanillezucker
1 Prise Salz
1 Zitrone, abgeriebene Schale
½ Zitrone, Saft
1 Ei
160 g Mehl, gesiebt
1 TL Backpulver

In zwei weiteren Sorten: Für Zimt-Cookies 1 TL Zimt und für Nuss-Cookies 100 g gehackte Nüsse statt Zitronen beifügen.

Herbst

Herbstfrische

1 Nüsslisalat auf Tellern anrichten.

2 Für die Sauce alle Zutaten verrühren.

3 Pilze putzen (nicht waschen) und je nach Grösse in Viertel oder Scheiben schneiden. In einer erhitzten Pfanne braten. Butter beifügen, mit Zitronensaft beträufeln, würzen und über dem Salat verteilen.

4 Mit Sauce beträufeln. Hüttenkäse mit einem Teelöffel portionieren und auf dem Salat anrichten.

Nüsslisalat mit Pilzen
und Hüttenkäse

150–200 g Nüsslisalat, gerüstet

Sauce:
3 EL Öl
2 EL Halbrahm
2 EL Bouillon
1 EL Zitronensaft
1 Knoblauchzehe, gepresst
1 Schalotte, fein gehackt
Salz, Pfeffer

250 g Pilze,
z. B. braune Champignons
1 TL Butter
wenig Zitronensaft
Salz, Pfeffer
100 g Hüttenkäse nature

Pilz-Knigge: Zum Säubern mit einem Pinsel putzen oder mit einem Messer schaben.
Mit dem Eierschneider in Scheiben schneiden.

aus einem Guss

1 Kartoffeln auf einem Tuch gut trocknen.

2 Für den Guss alle Zutaten aufkochen.

3 Kartoffeln schuppenartig in die ausge-
butterte Form schichten und Guss angiessen.
In der Mitte des auf 160 °C vorgeheizten
Ofens 1–1 ½ Stunden goldbraun backen.

Kartoffelgratin mit
Mascarpone

Für 1 Gratinform
von 25 cm Länge

Butter für die Form

**400 g Kartoffeln,
z. B. Matilda, geschält,
in dünne Scheiben gehobelt**

**Guss:
250 g Mascarpone
1,75 dl Milch
2 Knoblauchzehen, gepresst
1 Thymianzweig, Blättchen
Salz, Pfeffer, Muskatnuss**

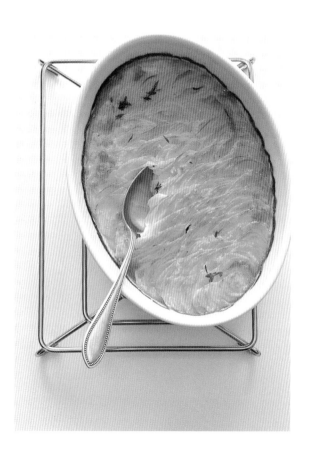

innen und **aussen** fix

1 Für die Füllung Kürbis in aufschäumender Butter andünsten. Zucker darüberstreuen, mit Bouillon ablöschen und zugedeckt bei kleiner Hitze sehr weichdünsten.

2 Kürbis mit einer Gabel zerdrücken, mit Brot, Eigelb und Sbrinz mischen. Würzen, etwas ziehen lassen und nochmals gut mischen.

3 Tomaten in Scheiben schneiden, würzen und in die ausgebutterte Form verteilen. Füllung auf Cicorino-Blätter geben und einrollen. Auf die Tomaten legen und mit Sbrinz bestreuen.

4 In der Mitte des auf 180 °C vorgeheizten Ofens 15–20 Minuten überbacken.

Dazu passt Polenta.

Cicorino rosso
mit Kürbisfüllung

Für 1 Gratinform
von 25 cm Länge

Butter für die Form

Füllung:
300 g Kürbis, gerüstet,
in Stücke geschnitten
Butter zum Andünsten
½ TL Zucker
2–3 EL Bouillon
100 g Weissbrot, entrindet,
in kleine Stücke geschnitten
1 Eigelb
75 g Sbrinz, frisch gerieben
Salz, Pfeffer, Zimt

2 Fleischtomaten
Salz, Pfeffer
6–8 Blätter Cicorino rosso,
gerüstet
50 g Sbrinz, frisch gerieben

Ursprünglich ein Wildgemüse, heute kultiviert, besticht der Cicorino rosso durch seine rote Farbe und herbe Note als Salat und Gemüse.

leicht wie Luft

1 Für die Quarkmasse Eigelb und Zucker rühren, bis die Masse hell ist. Zitronensaft, Zitronenschale und Quark gut daruntermischen.

2 Eiweiss steif schlagen, Vanillezucker einrieseln und weiterschlagen, bis die Masse glänzt. Sorgfältig unter die Eigelbmasse ziehen.

3 Quarkmasse in die ausgebutterten Förmchen verteilen und Trauben hineinlegen. Auf der obersten Rille des auf 180 °C vorgeheizten Ofens 15–20 Minuten backen. Mit Puderzucker bestäuben und servieren.

Trauben-Quark-Gratins

Für 2 Portionenförmchen
von 15 cm ⌀

Butter für die Förmchen

Quarkmasse:
2 Eigelb
2 ½ EL Zucker
½ EL Zitronensaft
etwas abgeriebene
Zitronenschale
100 g Rahmquark
2 Eiweiss
1 EL Vanillezucker

150 g blaue Trauben,
gewaschen, halbiert

Puderzucker

Etwas weniger luftig, dafür schneller: Für die Quarkmasse alle Zutaten miteinander verrühren.

alles halb so wild

1 Rehfilet in Streifen schneiden und würzen. In heisser Bratbutter kurz anbraten. Herausnehmen und im auf 80 °C vorgeheizten Ofen warm stellen.

2 Für die Sauce Bratsatz mit Schwarztee und Rotwein auflösen und zur Hälfte einkochen. Doppelrahm angiessen und kurz durchkochen. Brombeeren und Brombeerkonfitüre oder Honig beifügen, kurz erhitzen und würzen.

3 Rehfilet in die Sauce geben, erwärmen und servieren.

Dazu passen Spätzli und Rosenkohl.

Rehfiletgeschnetzeltes
an Teesauce

300 g Rehfilet
Salz, Pfeffer
Bratbutter oder Bratcrème

Sauce:
0,5 dl starker Schwarztee
0,5 dl Rotwein
1 dl Doppelrahm
150 g Brombeeren, halbiert
1 TL Brombeerkonfitüre
oder Honig
Salz, Pfeffer

in der **Kürze** liegt die **Würze**

1 Rüebli in aufschäumender Butter dünsten.
Mit Zucker bestreuen und kurz weiterdünsten.

2 Mit Bouillon und Rahm ablöschen. Koriandersamen beifügen und würzen. Offen bei kleiner
Hitze 20–25 Minuten weichkochen.

Dazu passt kurz gebratenes Fleisch.

Rüebli in gewürztem Rahm

400 g Rüebli, gerüstet,
schräg in Stücke geschnitten
Butter zum Dünsten
1 TL Zucker
1,5 dl Bouillon
1 dl Vollrahm
1 TL Koriandersamen
Salz, Pfeffer

So oder so würzig: Statt Koriandersamen ½ TL Korianderpulver, ½ TL Zimt
und etwas Nelkenpulver oder ½ TL Ingwerpulver beifügen.

noch ein **Stück?**

1 Für den Teig Mehl und Salz mischen. Hefe mit Zucker flüssig werden lassen. Butter in Milch bei mittlerer Hitze schmelzen. Pfanne von der Platte ziehen, Zucker und Ei gut darunterrühren.

2 Eiermilch und Hefe zum Mehl geben und zu einem geschmeidigen Teig kneten.

3 Teig von Hand 1 cm dick auf dem mit Backpapier belegten Blech verteilen. Bei Raumtemperatur ums Doppelte aufgehen lassen.

4 Zwetschgen auf dem Teig verteilen und mit Zucker bestreuen.

5 Für die Streusel alle Zutaten mit kalten Händen zu einer krümeligen Masse verreiben. Auf den Kuchen streuen und auf der untersten Rille des auf 180 °C vorgeheizten Ofens 25–35 Minuten backen. Leicht auskühlen lassen, aus dem Blech nehmen und lauwarm servieren.

Zwetschgen-Streuselkuchen

Für 1 Blech von 24 cm ⌀

Teig:
250 g Mehl
½ TL Salz
15 g Hefe
1 TL Zucker
60 g Butter
1 dl Milch
50 g Zucker
1 Ei

400–500 g Zwetschgen,
entsteint, halbiert
2–3 EL Zucker

Streusel:
60 g Butter, kalt,
in Stücke geschnitten
60 g Zucker
¾ TL Zimt
60 g Mehl

Vom Tiefkühler direkt in den Ofen: Zwetschgen oder Aprikosen noch gefroren auf dem Teig verteilen.

kunterbunt

1 Linsen in reichlich Wasser 20–25 Minuten kochen. Kurz vor Ende der Kochzeit salzen.

2 Für die Sauce 4 EL Kochwasser abschöpfen (Rest abgiessen) und mit restlichen Zutaten verrühren. Mit lauwarmen Linsen mischen.

3 Rüebli, Sellerie und Birnen dazugeben. Bei Raumtemperatur mindestens 30 Minuten ziehen lassen.

4 Salat auf Tellern anrichten. Mit Petersilie bestreuen und servieren.

Bunter Linsensalat

125 g grüne Linsen
Salz

Sauce:
4 EL Öl
3 EL saurer Halbrahm
3 EL Essig
1 Schalotte, gehackt
½ TL Senf
2 Prisen Zucker
Salz, Pfeffer

100 g Rüebli, gerüstet,
in kleine Würfel geschnitten
50 g Stangensellerie, gerüstet,
in kleine Würfel geschnitten
100 g Birne,
in kleine Scheiben geschnitten

glattblättrige Petersilie,
gehackt

Aus Grün und Rot wählen: Statt grüne rote Linsen verwenden – diese nur 10–15 Minuten kochen.

c'est bon

1 Eigelb schaumig rühren. Würzen und Petersilie daruntermischen. Eiweiss mit Salz steif schlagen. Abwechslungsweise mit Rahm sorgfältig unter das Eigelb ziehen.

2 In aufschäumender Bratbutter bei mittlerer Hitze ca. 10 Minuten braten, bis der Boden goldbraun und die Oberfläche noch flüssig ist.

3 Reblochon daraufverteilen und zugedeckt 3–4 Minuten weiterbraten.

4 Auf eine vorgewärmte Platte gleiten lassen. Nach Belieben umschlagen und servieren.

Dazu passen frisches Brot und Salat.

Omelette soufflée
mit Reblochon

2 Eigelb
Salz, Pfeffer, Muskatnuss
1 EL glattblättrige Petersilie,
gehackt
2 Eiweiss
1 Prise Salz
1 dl Vollrahm, steif geschlagen
Bratbutter oder Bratcrème
150 g Reblochon,
in Scheiben geschnitten

bei **Suppe** und **Brot**

1 Schalotten in aufschäumender Butter andünsten. Rollgerste beifügen und kurz mitdünsten. Knoblauch dazupressen und mit Bouillon ablöschen. Zugedeckt bei kleiner Hitze 10 Minuten köcheln lassen.

2 Kürbis und Lauch dazugeben und zugedeckt weitere 10–20 Minuten köcheln lassen.

3 0,5 dl Flüssigkeit in ein Gefäss abgiessen und mit Eigelb verquirlen. In die Suppe geben und unter ständigem Rühren erwärmen, aber nicht kochen, da sonst das Eigelb gerinnt. Rahm beifügen und würzen.

4 In vorgewärmte tiefe Teller verteilen. Mit Bergkäse und Bündnerfleisch bestreuen und servieren.

Gersten-Kürbis-Suppe

1 Schalotte, gehackt
Butter zum Andünsten
3 EL Rollgerste
1 Knoblauchzehe
5 dl Gemüsebouillon
200 g Kürbis,
in Stücke geschnitten
½ Lauchstengel,
weisser und hellgrüner Teil,
in Ringe geschnitten
2 Eigelb
1 dl Vollrahm
Salz, Pfeffer, Zimt

50 g Bündner Bergkäse,
frisch gerieben
50 g Bündnerfleisch,
in kleine Würfel geschnitten

made in Switzerland

1 Brie in 2 gleich grosse Stücke schneiden und waagrecht halbieren.

2 Für die Füllung Mascarpone, Birnen und Petersilie mischen und würzen. Auf untere Brie-Hälften verteilen. Baumnüsse darüberstreuen und mit oberen Brie-Hälften bedecken.

3 Auf Tellern anrichten. Mit Baumnüssen und Birnen garnieren und servieren.

Dazu passt dunkles Brot.

Brie Suisse mit
Birnenfüllung

150–200 g Brie Suisse

Füllung:
75 g Mascarpone
½ Birne,
in kleine Würfel geschnitten
italienische Petersilie,
gehackt
Salz, Pfeffer
1 EL Baumnüsse, grob gehackt

Baumnüsse, halbiert
Birnen,
in Schnitze geschnitten

stillt jeden **Heisshunger**

1 Kartoffeln an der Röstiraffel reiben.
Mit restlichen Zutaten mischen und in die
gut ausgebutterte Form füllen.

2 In der Mitte des auf 180 °C vorgeheizten
Ofens 40–50 Minuten backen.

Dazu passt Salat.

Kartoffelgratin mit
Rohschinken

Für 1 Gratinform
von 25 cm Länge

Butter für die Form

**400 g Kartoffeln,
z. B. Bintje, geschält
100 g Rohschinken,
in Streifen geschnitten
2 EL Maisgriess,
mittelfein gemahlen
100 g Crème fraîche
2 EL Sultaninen
Salz, Pfeffer, Muskatnuss**

*Was macht der Maisgriess im Gratin? Er nimmt die Flüssigkeit auf, bindet sie und
bewahrt so die gute Feuchtigkeit.*

Knacknüsse

1 Birnen an der Bircherraffel reiben, sofort mit Zitronensaft, Honig und Muskatnuss oder Zimt mischen. Rahm darunterziehen und in Tassen oder kleine Schalen füllen. Kühl stellen.

2 Zucker in einem Pfännchen braun werden und aufschäumen lassen. Von der Platte ziehen und Baumnüsse daruntermischen. Auf ein Backpapier geben, auskühlen lassen und grob hacken.

3 Caramelisierte Baumnüsse auf die Birnencreme streuen und servieren.

Birnencreme mit caramelisierten Nüssen

100 g Birne, gerüstet
1 TL Zitronensaft
1 ½ EL flüssiger Honig
2 Prisen Muskatnuss
oder ½ TL Zimt
1 dl Vollrahm, steif geschlagen

2 EL Zucker
2 EL Baumnüsse

knabber knusper **Kürbis**

1 Kartoffeln und Kürbis an der Röstiraffel reiben. In einem Tuch gut ausdrücken. Mit Schalotten und Ei mischen. Würzen.

2 Mit einem Esslöffel Portionen abstechen. In aufschäumende Bratbutter geben, flachdrücken und bei mittlerer Hitze 5–10 Minuten knusprig backen. Im auf 50 °C vorgeheizten Ofen warm halten.

3 Galetten auf vorgewärmten Tellern anrichten. Mit Crème fraîche garnieren und mit Petersilie bestreuen.

Kartoffel-Kürbis-Galetten

Für 6 Stück

200 g Kartoffeln,
z. B. Urgenta, geschält
200 g Kürbis, gerüstet
1 Schalotte, fein gehackt
1 Ei
¼ TL Currypulver
Salz, Pfeffer
Bratbutter oder Bratcrème

6 EL Crème fraîche
etwas glattblättrige Petersilie,
gehackt

Keine Zeit am Mittag zu kochen? Die warmen Galetten vom Vorabend sind auch kalt ein Genuss!

Ulknudeln

1 Für die Sauce Kichererbsen in reichlich Wasser 40–50 Minuten weichkochen. Abgiessen, mit Knoblauch, Joghurt, Zitronensaft und Rahm pürieren. Würzen und Minze darunterziehen.

2 Fettuccine in reichlich Salzwasser al dente kochen. Während des Kochens 0,75 dl Kochwasser abschöpfen, zur Sauce geben und mischen. Kurz vor Ende der Kochzeit Erbsen beifügen und mitkochen. Abgiessen und gut abtropfen lassen. In die Pfanne zurückgeben und mit Sauce mischen.

3 In vorgewärmten tiefen Tellern anrichten. Sbrinz darüberstreuen und mit Minzenblättchen garnieren.

Fettuccine an Kichererbsen-Joghurt-Sauce

Sauce:
50 g Kichererbsen,
in kaltem Wasser über
Nacht eingeweicht
1 Knoblauchzehe, gepresst
75 g Joghurt nature
etwas Zitronensaft
0,5 dl Vollrahm
2 Prisen Zucker
Salz, Pfeffer
frische Minze,
in Streifen geschnitten

200–250 g Fettuccine
150 g Erbsen,
frisch oder tiefgekühlt

50 g Sbrinz, frisch gerieben
einige Minzenblättchen

Die schnellere Sauce: 100 g Kichererbsen aus der Dose verwenden.
In ein Sieb geben und kalt abspülen.

sweet and sour

1 Für den Sud alle Zutaten aufkochen.

2 Sellerie und Rüebli beifügen und bei mittlerer Hitze 20–25 Minuten weichkochen.

3 Für die Honig-Buttermilch Honig leicht erwärmen. Buttermilch dazugeben, gut mischen und würzen.

4 Gemüse in tiefen Tellern anrichten und Honig-Buttermilch darübergiessen.

Sellerie und Rüebli
mit Honig-Buttermilch

Sud:
3 dl Weissweinessig
5 dl Wasser
100 g Honig
1½ TL Salz
1 TL Pfefferkörner

200 g Stangensellerie,
gerüstet, in Stücke geschnitten
200 g Rüebli, gerüstet,
in Stücke geschnitten

Honig-Buttermilch:
1½ EL Honig
1,5 dl Buttermilch nature
Salz, Pfeffer, Zimt

Das Gemüse hält sich gut – im Einmachglas, mit Sud bedeckt und kühlgestellt 1 Monat.
Und schmeckt gut – lauwarm oder kalt zum Apéro, im Blattsalat und als Pastetenbeilage.

passt immer

1 Zucchetti schräg halbieren, längs entzwei-
schneiden und aushöhlen. In kochendem
Salzwasser 1–2 Minuten blanchieren.
Herausnehmen und gut abtropfen lassen.

2 Ausgehöhltes Zucchettifleisch im Kochwasser weichkochen. Abgiessen und auskühlen lassen. Mit einer Gabel zerdrücken.

3 Für die Füllung Zucchettifleisch mit
restlichen Zutaten mischen.

4 Hüttenkäse in die ausgebutterte Form
verteilen. Füllung in die Zucchetti geben und
auf den Hüttenkäse legen.

5 In der Mitte des auf 180 °C vorgeheizten
Ofens 15–20 Minuten goldbraun backen.

Dazu passen Ofenkartoffeln (Rezept Seite 100).
Oder das Lammrack mit Rosmarinbutter
(Rezept Seite 74), dabei den Hüttenkäse
weglassen.

Zucchetti mit Amarettifüllung

Für 1 Gratinform
von 25 cm Länge

Butter für die Form

2 Zucchetti, gerüstet

Füllung:
1 kleines Eigelb
50 g gemahlene Mandeln
50 g Sbrinz, frisch gerieben
½ Schalotte, fein gehackt
1 EL Zucker
wenig Bittermandelaroma
Salz, Pfeffer, Muskatnuss

200 g Hüttenkäse nature

*Klein und fein zum Apéro: Zucchetti in 1,5 cm breite Scheiben schneiden und ohne
Hüttenkäse zubereiten. Noch warm als Häppchen servieren.*

aus dem Schlaraffenland

1 Eigelb mit Honig schaumig rühren. Mascarpone beifügen und glattrühren. Eiweiss steif schlagen, Zucker einrieseln und weiterschlagen, bis die Masse glänzt. Unter die Mascarponemasse ziehen, in die Förmchen füllen und 1–2 Stunden tiefkühlen.

2 Honig in aufschäumender Butter auflösen. Äpfel beifügen und zugedeckt bei kleiner Hitze knapp weichdünsten.

3 Förmchen kurz in heisses Wasser tauchen. Honig-Mascarpone mit einem Messer vom Rand lösen und auf Teller stürzen. Lauwarme Apfelschnitze dazulegen und etwas Schokolade mit einer groben Raffel darüberreiben.

Honig-Mascarpone
mit Apfelschnitzen

Für 2 Förmchen
von 1,5–2 dl Inhalt

1 Eigelb
1 EL flüssiger Honig
100 g Mascarpone
1 Eiweiss
½ EL Zucker

1 TL Butter
1 EL Honig
1 rotschaliger Apfel,
in dünne Schnitze geschnitten

1 Stück dunkle Schokolade

*Mehr davon? Kein Problem, der Honig-Mascarpone ist im Tiefkühler mindestens
1 Monat haltbar.*

im **Handumdrehen**

1 Rucola in mundgerechte Stücke schneiden.
Auf Tellern anrichten.

2 Für die Vinaigrette alle Zutaten verrühren.

3 Tête de Moine, Trauben und Baumnüsse auf
dem Salat verteilen. Mit Vinaigrette beträufeln
und servieren.

Rucolasalat mit
Tête de Moine

150–200 g Rucola, gerüstet

Vinaigrette:
5 EL Öl
2 EL Essig
1 EL Weisswein
½ TL Senf
2 Prisen Zucker
Salz, Pfeffer

6–8 Rosetten Tête de Moine
8 blaue Trauben, halbiert
2 EL Baumnüsse, grob gehackt

Girolle heisst das praktische Ding, das mit einem Dreh die Rosetten
vom Tête de Moine schabt.

die **Taschen** voller Pilze

1 Für den Teig Mehl, Salz und Butter zu einer krümeligen Masse verreiben. Quark dazugeben und rasch zu einem Teig zusammenfügen. 30 Minuten kühl stellen.

2 Für die Füllung Pilze putzen (nicht waschen) und je nach Grösse in Viertel oder Scheiben schneiden.

3 Schalotten und Rohschinken in aufschäumender Butter andünsten. Pilze beifügen, Knoblauch dazupressen und dünsten, bis keine Flüssigkeit mehr vorhanden ist. Auskühlen lassen.

4 Schnittlauch und Crème fraîche daruntermischen und würzen.

5 Teig auf wenig Mehl möglichst dünn auswallen und Quadrate (ca. 12 × 12 cm) ausschneiden. Je 1 EL Füllung in die Mitte geben. Rand mit Eiweiss bepinseln. Die 4 Ecken über die Füllung legen und verschliessen.

6 Auf ein mit Backpapier belegtes Blech geben. Mit Eigelb bestreichen, einstechen und in der Mitte des auf 180 °C vorgeheizten Ofens 20–25 Minuten goldbraun backen.

Pilztaschen

Für 6 Stück

Teig:
100 g Mehl
¼ TL Salz
60 g Butter, kalt,
in Stücke geschnitten
60 g Rahmquark

Füllung:
250 g Pilze,
z. B. braune Champignons
1 Schalotte, gehackt
25 g Rohschinken,
in kleine Würfel geschnitten
Butter zum Andünsten
1 Knoblauchzehe
½ Bund Schnittlauch,
in Röllchen geschnitten
1½ EL Crème fraîche
Salz, Pfeffer, Muskatnuss

1 Eiweiss, verklopft
1 Eigelb mit 1 EL Vollrahm
verquirlt

Glanzrollen

1 Felchenfilets mit Zitronensaft beträufeln und pfeffern.

2 Für die Füllung alle Zutaten mit einer Gabel zerdrücken. Auf Felchenfilets streichen und aufrollen.

3 Für den Rahmlauch Schalotten in aufschäumender Butter dünsten. Lauch beifügen und mitdünsten. Rahm angiessen und Lauch knapp weichdünsten. Zitronensaft dazugiessen, würzen und in die ausgebutterte Form verteilen.

4 Felchenröllchen auf den Rahmlauch legen. Form mit Alufolie zudecken und in der Mitte des auf 180 °C vorgeheizten Ofens 20–25 Minuten pochieren.

Dazu passen Salzkartoffeln.

Felchenröllchen
auf Rahmlauch

Für 1 Gratinform
von 22 cm Länge

Butter für die Form

300 g Felchenfilets, enthäutet
Zitronensaft
Pfeffer

Füllung:
50 g Schabziger
50 g Butter, weich
1 EL Vollrahm
Pfeffer

Rahmlauch:
1 Schalotte, gehackt
Butter zum Dünsten
300 g Lauch, weisser und
hellgrüner Teil,
in Ringe geschnitten
1 dl Vollrahm
wenig Zitronensaft
Salz, Pfeffer

Fix und fertig: 100 g gekauften Ankeziger als Füllung verwenden.

goldene Zeiten

1 Maiskolben in kochendem Salzwasser
7 Minuten garen, abgiessen und auskühlen
lassen. Maiskörner mit einem Messer
abschneiden.

2 Für die Sauce alle Zutaten verrühren.

3 Salate in mundgerechte Stücke zupfen.
Mit Sauce mischen und auf Tellern anrichten.
Maiskörner darüberverteilen.

4 Pouletbrust in nicht zu feine Streifen
schneiden. Würzen und in aufschäumender
Bratbutter braten. Auf dem Salat anrichten.

Herbstsalat mit Pouletbrust
an Currysauce

1 kleiner Maiskolben

Sauce:
2 EL Öl
4 EL Halbrahm
3 EL Essig
½ TL Senf
1 TL Currypulver
2 Prisen Zucker
Salz, Pfeffer

150–200 g gemischter
Herbstsalat, z. B. Frisée,
Nüsslisalat, Cicorino rosso,
gerüstet

150 g Pouletbrust
Salz, Pfeffer
Bratbutter oder Bratcrème

Statt frischen Mais Maiskörner aus der Dose nehmen – spart ca. 7 Minuten Zeit für ...

... ist **fabelhaft**

1 Süssmost, Bouillon und Rahm aufkochen. Knoblauch dazupressen, Rosmarinzweig beifügen und würzen.

2 Kartoffeln dazugeben und offen bei kleiner Hitze 10–15 Minuten köcheln lassen, bis die Kartoffeln gar sind und die Flüssigkeit cremig ist. Rosmarinzweig entfernen und servieren.

Passt zu Saucisson und Fleisch. Zu Fisch statt Rosmarin Dill verwenden.

Mostkartoffeln mit Rosmarin

1 dl Süssmost (Apfelsaft)
1 dl Bouillon
1,5 dl Vollrahm
1 Knoblauchzehe
1 Rosmarinzweig
Salz, Pfeffer

400 g Kartoffeln,
z. B. Urgenta, geschält,
in Würfel geschnitten

Je nach Lust und Laune statt Süssmost sauren Most verwenden.

weckt die Geister

1 Schalotten in aufschäumender Butter dünsten. Mit Zucker bestreuen und kurz caramelisieren.

2 Kürbis und Marroni beifügen. Mit Bouillon knapp bedecken und zugedeckt weichdünsten. Leicht auskühlen lassen, dann pürieren.

3 In die Pfanne zurückgiessen und mit soviel Bouillon wie nötig zu einer geschmeidigen Konsistenz verlängern. Bis knapp vor den Kochpunkt bringen. Rahm und Zitronensaft dazugeben und würzen.

4 In vorgewärmte tiefe Teller verteilen. Mit Hüttenkäse garnieren und servieren.

Kürbis-Marroni-Suppe

1 Schalotte, gehackt
Butter zum Dünsten
1 TL Zucker
250 g Kürbis, gerüstet,
in kleine Würfel geschnitten
125 g tiefgekühlte Marroni,
aufgetaut
2,5–3 dl Gemüsebouillon
1 dl Vollrahm
wenig Zitronensaft
Salz, Pfeffer, Muskatnuss

2 EL Hüttenkäse

Suppe mit Schuss: 1 EL Mandellikör (Amaretto) in die Suppe geben.

Winter

der **Winter** lädt ein

1 Teig zubereiten, siehe Rezept Pilztaschen, Seite 163, Punkt 1.

2 Für die Füllung Mostbröckli, Salbei und Zwiebeln in aufschäumender Butter bei mittlerer Hitze 1–2 Minuten dünsten. Lauch tropfnass beifügen, 2 Minuten weiterdünsten, Äpfel dazugeben und knapp weichkochen. Auskühlen lassen. Crème fraîche daruntermischen und würzen.

3 Teig auf wenig Mehl möglichst dünn auswallen. Kreise (12–14 cm ⌀) ausstechen. Eine Kreishälfte mit Füllung belegen, Rand mit Eiweiss bepinseln und andere Kreishälfte darüberlegen. Ränder mit einer Gabel gut zusammendrücken.

4 Auf ein mit Backpapier belegtes Blech geben, mit Eigelb bestreichen und einstechen. In der Mitte des auf 180 °C vorgeheizten Ofens 20–25 Minuten goldbraun backen.

Dazu passt Salat.

Lauch-Apfel-Zwiebel-Kräpfli

Für 6–8 Stück

Teig:
100 g Mehl
¼ TL Salz
60 g Butter, kalt,
in Stücke geschnitten
60 g Rahmquark

Füllung:
25 g Mostbröckli,
in kleine Würfel geschnitten
2 Salbeiblätter,
in Streifen geschnitten
1 mittelgrosse Zwiebel,
gerüstet, in Ringe geschnitten
Butter zum Dünsten
75 g Lauch, weisser und
hellgrüner Teil,
in Ringe geschnitten
75 g Apfelschnitze,
in Scheiben geschnitten
1 ½ EL Crème fraîche
Salz, Pfeffer

1 Eiweiss, verklopft
1 Eigelb mit 1 EL Vollrahm
verquirlt

Für einen langen Winter: Mehrfache Teigmenge zubereiten und portionenweise tiefkühlen. Oder gekauften Butterblätterteig oder Kuchenteig verwenden.

warm **verpackt**

1 Kartoffeln (mit Schale) in Alufolie wickeln. Auf ein Blech legen und in der Mitte des auf 180 °C vorgeheizten Ofens 40–50 Minuten weichgaren, zwei- bis dreimal wenden.

2 Für den Quark alle Zutaten mischen.

3 Kartoffeln kreuzweise leicht einschneiden und mit beiden Händen nach oben drücken. Auf Tellern anrichten. Emmentaler-Nuss-Quark dazu servieren.

Dazu passt Salat.

Folienkartoffeln mit
Emmentaler-Nuss-Quark

**4 grosse Kartoffeln,
500–600 g, «Baked potatoes»**

**Quark:
150 g Rahmquark,
gut abgetropft
50 g Emmentaler, gerieben
50 g Baumnüsse, grob gehackt
½ Bund Schnittlauch,
in Röllchen geschnitten
Salz, Pfeffer, Muskatnuss**

italienischer Abend

1 Tomaten, Rahm und Bouillon aufkochen,
leicht einkochen und würzen.

2 Penne in reichlich Salzwasser al dente
kochen. Abgiessen und gut abtropfen lassen.

3 Mit Tomatensauce mischen und
in vorgewärmten tiefen Tellern anrichten.
Mit Sbrinz bestreuen und servieren.

Penne mit
getrockneten Tomaten

**100 g getrocknete Tomaten
in Öl, in Streifen geschnitten
1,5 dl Vollrahm
0,75 dl Bouillon
wenig Salz, Pfeffer**

200–250 g Penne

**50 g Sbrinz, gehobelt
oder frisch gerieben**

*Und danach mit den Fotos vom letzten Urlaub in sonnigen Erinnerungen schwelgen
und neue Ferienpläne schmieden.*

Muntermacher

1 Für den Teig Mehl, Salz, Butter und
Zucker zu einer krümeligen Masse verreiben.
Eigelb und Rahm dazugeben und zu einem
Teig zusammenfügen. In Folie gewickelt
30 Minuten kühl stellen.

2 Gut die Hälfte des Teiges von Hand auf
dem mit Backpapier belegten Formboden
verteilen und einstechen. Restlichen Teig zu
einer Rolle formen, an den Formrand legen
und hochziehen. Kühl stellen.

3 Für die Füllung Mascarpone mit Eigelb,
Zucker, Vanillemark und Zitronensaft gut
verrühren. Eiweiss steif schlagen, Zucker einrieseln und weiterschlagen, bis die Masse
glänzt. Zuerst Rahm, dann Eiweiss sorgfältig
unter die Mascarponemasse ziehen.
In die Form füllen.

4 Auf der untersten Rille des auf 180 °C
vorgeheizten Ofens 40–50 Minuten backen.
Leicht auskühlen lassen. Aus der Form
nehmen und auf einem Gitter vollständig
auskühlen lassen. Vor dem Servieren mit
Kaffeepulver bestreuen und mit Puderzucker
bestäuben.

Mascarpone-Torte
mit Kaffee

Für 1 Springform
von 18 cm ⌀

Teig:
125 g Mehl
1 Prise Salz
70 g Butter, kalt,
in Stücke geschnitten
40 g Zucker
1 Eigelb
½ EL Vollrahm

Füllung:
100 g Mascarpone
1 Eigelb
40 g Zucker
1 Vanillestengel,
ausgeschabtes Mark
etwas Zitronensaft
2 Eiweiss
2 EL Zucker
1,25 dl Vollrahm,
steif geschlagen

1–2 EL Kaffeepulver
Puderzucker, nach Belieben

Darf's ein bisschen mehr sein? Die doppelte Zutatenmenge reicht für 1 Springform von 24 cm ⌀.

Kraut und Kabis

1 Rotkabis in dünne Streifen schneiden oder fein hobeln. Orangen samt weisser Haut schälen, in Scheiben schneiden und vierteln.

2 Für die Sauce alle Zutaten verrühren. Mit Rotkabis gut mischen, mit einem Teller beschweren und bei Raumtemperatur mindestens 1 Stunde ziehen lassen. Orangen daruntermischen und nach Bedarf nachwürzen.

3 Salat auf Teller verteilen und mit Haselnüssen bestreuen.

Rotkabissalat mit Orangen
und Haselnüssen

400 g Rotkabis, ohne Strunk
2 Orangen

Sauce:
3 EL Öl
3 EL Crème fraîche
6 EL Orangensaft,
frisch gepresst
1 ½ EL Essig
½ TL Kümmel- oder
Anissamen, nach Belieben
Salz, Pfeffer

2 EL Haselnüsse, grob gehackt

Was du heute kannst besorgen, das geniesse morgen: Salat am Vortag zubereiten. 1 Stunde vor dem Essen aus dem Kühlschrank nehmen. Kurz vor dem Servieren Orangen beifügen.

aus dem vollen **schöpfen**

1 Schalotten in aufschäumender Butter andünsten. Sellerie- und Apfelwürfel beifügen und kurz mitdünsten.

2 Mit Bouillon knapp bedecken und zugedeckt bei mittlerer Hitze sehr weichdünsten. Leicht auskühlen lassen, dann pürieren.

3 In die Pfanne zurückgiessen und mit soviel Bouillon wie nötig zu einer geschmeidigen Konsistenz verlängern. Bis knapp vor den Kochpunkt bringen. Rahm dazugeben und würzen.

4 In vorgewärmte tiefe Teller verteilen. Mit Apfelschnitzen garnieren und mit Baumnüssen bestreuen.

Sellerie-Apfel-Suppe mit Baumnüssen

1 Schalotte, gehackt
Butter zum Andünsten
100 g Knollensellerie, gerüstet,
in kleine Würfel geschnitten
100 g Apfel, gerüstet,
in kleine Würfel geschnitten
3–4 dl Gemüsebouillon
1 dl Vollrahm
2 Prisen Zucker
¼ TL Currypulver
Salz, Pfeffer, Muskatnuss

einige Apfelschnitze,
dünn geschnitten
2 EL Baumnüsse, grob gehackt

Zugabe: 1 Orange samt weisser Haut schälen, in dünne Scheiben schneiden und als Einlage in die Suppe geben.

Rahm macht's einfach feiner

1 Lauchstengel schräg in je 4 Stücke schneiden. Gründlich waschen.

2 Für den Salbeirahm alle Zutaten aufkochen. Lauch beifügen und zugedeckt 15 Minuten vorkochen. Herausnehmen und leicht auskühlen lassen.

3 Hinterschinken halbieren und falten. Jede Lauchrolle mit 1 Stück Hinterschinken und 1 Scheibe Rohschinken umwickeln. In die ausgebutterte Form geben. Salbeirahm darübergiessen.

4 In der Mitte des auf 180 °C vorgeheizten Ofens 20–30 Minuten überbacken.

Dazu passen Gschwellti.

Lauch-Schinken-Rollen in Salbeirahm

Für 1 Gratinform von 25 cm Länge

Butter für die Form

2 Lauchstengel, weisser und hellgrüner Teil

Salbeirahm:
1 dl Bouillon
1,5 dl Vollrahm
wenig Salz, Pfeffer, Muskatnuss
3 frische Salbeiblätter, in Streifen geschnitten

4 Scheiben Hinterschinken
8 Scheiben Rohschinken

Vollrahm, Crème fraîche, Saucenrahm, Saucen-Halbrahm und Doppelrahm sind kochfest und vertragen sich mit den Säuren von Wein, Essig und Zitrusfrüchten.

Alptraum

1 Vacherin Mont d'Or in der Schachtel ohne Deckel in der Mitte des auf 150 °C vorgeheizten Ofens ca. 10 Minuten erwärmen.

2 Kartoffeln halbieren und auf Tellern anrichten. Vacherin Mont d'Or mit einem Löffel darübergeben. Mit Kümmel bestreuen und servieren.

Warmer Vacherin Mont d'Or

**1 Vacherin Mont d'Or,
ca. 400–500 g
400 g Kartoffeln (mit Schale),
z. B. Nicola, gekocht**

Kümmelsamen, nach Belieben

Der Vacherin Mont d'Or wird nach dem Alpabzug gemacht und ist deshalb eine typische Winterspezialität.

Betthupferl

1 Zwiebeln in aufschäumender Butter zugedeckt bei mittlerer Hitze weichdünsten.
Würzen und in die ausgebutterte Form
verteilen.

2 Orangen samt weisser Haut schälen und in
dünne Scheiben schneiden. Auf den Zwiebeln
verteilen. Weisswein und Saucenrahm
darübergeben.

3 Eglifilets würzen, überschlagen, auf das
Orangen-Zwiebel-Bett legen und mit Orangensaft beträufeln. Form mit Alufolie zudecken
und in der Mitte des auf 180 °C vorgeheizten
Ofens 15–20 Minuten garen.

Dazu passen Salzkartoffeln.

Eglifilets auf
Orangen-Zwiebel-Bett

Für 1 Gratinform
von 25 cm Länge

Butter für die Form

**2 grosse Zwiebeln,
in feine Ringe geschnitten
Butter zum Dünsten
Salz, Pfeffer
2 Orangen
4 EL Weisswein
4 EL Saucenrahm**

**300 g Eglifilets
Salz, Pfeffer
2–3 EL Orangensaft**

Popeye-<small>Salat</small>

1 Für die Marinade Öl und Zitronensaft
verrühren.

2 Einen Teller mit etwas Marinade bepinseln.
Eine Schicht Bündnerfleisch darauflegen,
mit Marinade bepinseln und pfeffern.
So weiterfahren, bis das Bündnerfleisch
aufgebraucht ist. Mit Folie bedeckt bei
Raumtemperatur 1 Stunde ziehen lassen.

3 Für die Sauce alle Zutaten verrühren.

4 Spinat in mundgerechte Stücke zupfen. Mit
Dörrpflaumen und Sauce mischen. Auf Tellern
anrichten. Bündnerfleisch darüberverteilen.

Spinatsalat mit
mariniertem Bündnerfleisch

Marinade:
3 EL Öl
1½ EL Zitronensaft

100 g Bündnerfleisch,
geschnitten
Pfeffer

Sauce:
5 EL Öl
2 EL Crème fraîche
1 EL Zitronensaft
2 Prisen Zucker
Salz, Pfeffer

150–200 g Spinat, gerüstet
4–6 Dörrpflaumen,
in Viertel geschnitten

Auch Lachen ist bekanntlich gesund: Während des Marinierens ist genug Zeit für
Popeye & Co. und einen Aperitif!

Mahlzeit!

1 Kartoffeln auf einem Tuch gut trocknen.

2 Randen in leicht gesalzener Milch 5–10 Minuten köcheln lassen, bis sie halbgar sind. Herausnehmen und Randenkochmilch für den Guss beiseite stellen.

3 Kartoffeln und Randen schuppenartig in die ausgebutterte Form schichten.

4 Für den Guss Randenkochmilch und restliche Zutaten gut verrühren und über das Gemüse giessen. Mit Gruyère bestreuen.

5 In der Mitte des auf 160 °C vorgeheizten Ofens 30–40 Minuten backen, bis der Guss fest und der Gratin leicht gebräunt ist.

Kartoffel-Randen-Gratin mit Gruyère

Für 1 Gratinform von 25 cm Länge

Butter für die Form

300 g Kartoffeln,
z. B. Matilda, geschält,
in dünne Scheiben gehobelt
200 g rohe Randen, gerüstet,
in dünne Scheiben gehobelt
2 dl Milch
Salz

Guss:
125 g Crème fraîche
1 Ei
1 Eigelb
2 Knoblauchzehen, gepresst
1 Thymianzweig, Blättchen
Salz, Pfeffer

2 EL Gruyère, frisch gerieben

Für ein anderes Ma(h)l: Statt Gruyère gewürzte Felchen- oder Eglifiletröllchen auf dem Gratin während der letzten 10–15 Minuten zugedeckt garen.

mmmMais

1 Milch, Bouillon, Maisgriess und Lauch unter ständigem Rühren aufkochen. Zugedeckt bei kleiner Hitze ausquellen, ab und zu rühren.

2 Pfanne von der Platte ziehen. Eigelb, Zitronenschale und Zitronensaft daruntermischen und würzen. Leicht auskühlen lassen.

3 Mit zwei Esslöffeln Nocken abstechen und in aufschäumender Bratbutter goldbraun braten. Auf vorgewärmten Tellern anrichten. Mit Sbrinz bestreuen und servieren.

Passt ohne Sbrinz zu Fleisch und Fisch.

Gebratener Zitronenmais
mit Lauch

2,5 dl Milch
2,5 dl Bouillon
100 g Maisgriess,
fein gemahlen
1 Lauchstengel, weisser
und hellgrüner Teil,
in feine Ringe geschnitten
2 Eigelb
½ Zitrone, abgeriebene
Schale und etwas Saft
Salz, Pfeffer, Muskatnuss
Bratbutter oder Bratcrème

50 g Sbrinz, gehobelt
oder frisch gerieben

Bei Getreide gilt: je kürzer die Kochzeit, desto mehr Vitamine. Beim Ausquellen sorgt die Resthitze in der Pfanne für diese natürliche und schonende Zubereitung.

gibt gute Laune

1 Für den Teig Mehl mit Milch und Rahm mischen. Ei und Butter darunterrühren, würzen und nach Bedarf passieren. Etwas ruhen lassen.

2 Für die Füllung alle Zutaten pürieren und würzen.

3 Aus dem Teig 4–6 Crêpes (ca. 18 cm ⌀) backen. Mit Füllung bestreichen. Aufrollen, in 4 Stücke schneiden und in die ausgebutterte Form schichten.

4 In der Mitte des auf 180 °C vorgeheizten Ofens 10–15 Minuten überbacken.

Dazu passen Salat oder Lauchgemüse.

Überbackene
Fondue-Crêpes

Für 1 Gratinform
von 22 cm Länge

Butter für die Form

Teig:
50 g Mehl, gesiebt
1 dl Milch
0,5 dl Vollrahm
1 Ei
½ EL Butter, flüssig, abgekühlt
Salz, Pfeffer

Füllung:
250 g Fonduemischung
1,25 dl Weisswein
1 Eigelb
2 Knoblauchzehen, gepresst
Salz, Pfeffer, Muskatnuss

Hauptsache Käse – für die Füllung andere Käsemischung (z. B. Resten) oder nur eine Käsesorte verwenden.

kulinarischer **Höhenflug**

1 Für die Füllung Dörraprikosen 5 Minuten blanchieren. Abgiessen, fein hacken und mit Rahm mischen.

2 Kalbsplätzli würzen, mit je 1 Scheibe Rohschinken belegen und mit Füllung bestreichen. Aufrollen und mit Zahnstochern fixieren.

3 Fleischvögel in Bratbutter bei mittlerer Hitze 10–15 Minuten rundum goldbraun braten. Herausnehmen und im auf 80 °C vorgeheizten Ofen warm stellen.

4 Für die Sauce Bratsatz mit Butter auflösen. Salbei beifügen und sanft braten. Mit Weisswein und Bouillon ablöschen und zur Hälfte einkochen. Rahm angiessen, kurz durchkochen und würzen.

5 Fleischvögel in die Sauce geben und 5 Minuten ziehen lassen. Auf vorgewärmten Tellern anrichten und sofort servieren.

Dazu passt Hirsotto.

Kalbfleischvögel mit Aprikosenfüllung

Für 12 Stück

Füllung:
120 g Dörraprikosen
3–4 EL Vollrahm

12 Kalbsplätzli, je ca. 40 g,
dünn geklopft
Salz, Pfeffer
12 Scheiben Rohschinken
Bratbutter oder Bratcrème

Sauce:
1 EL Butter
2 Salbeiblätter,
in Streifen geschnitten
0,5 dl Weisswein
0,5 dl Fleisch- oder
Gemüsebouillon
1 dl Vollrahm
Salz, Pfeffer

Restliche Kalbfleischvögel kühl stellen und innerhalb von 2–3 Tagen cool geniessen: kalt aufgeschnitten, mit Öl und Essig beträufelt und mit Sbrinz überhobelt.

auf in den Süden

1 Eine Orange halbieren und auspressen.
Zweite Orange samt weisser Haut schälen,
in Scheiben schneiden und halbieren.
Kiwis schälen, halbieren und in Scheiben
schneiden.

2 Kiwis und Orangen mischen und auf Tellern
anrichten. Orangensaft mit Zucker und
Vanillezucker aufkochen, auf 4 EL einkochen
und darüberträufeln.

3 Für den Feigenrahm Feigen unter den Rahm
ziehen und zuckern. Zum Kiwi-Orangen-Salat
servieren.

Kiwi-Orangen-Salat mit
Feigenrahm

2 grosse Orangen
2 Kiwis
1 EL Zucker
1 TL Vanillezucker

Feigenrahm:
2 Feigen,
frisch oder getrocknet,
in Stücke geschnitten
0,5–1 dl Vollrahm,
steif geschlagen
1 EL Zucker, nach Belieben

im **Dutzend** billiger

1 Brotscheiben je nach Grösse halbieren. Auf der obersten Rille des auf 200 °C vorgeheizten Ofens 5 Minuten rösten. Herausnehmen.

2 Mit Weisswein beträufeln und mit Tomaten bestreichen. Freiburger Vacherin darauflegen. Auf ein mit Backpapier belegtes Blech geben.

3 In der Mitte des auf 220 °C vorgeheizten Ofens 5–10 Minuten backen, bis der Käse geschmolzen ist. Herausnehmen, pfeffern und sofort servieren.

Freiburger-Vacherin-Toasts
mit Tomaten

6 Scheiben Brot, ca. 200 g
6 EL Weisswein
150 g getrocknete Tomaten
in Öl, fein gehackt
200–250 g Freiburger Vacherin,
in Scheiben geschnitten

Pfeffer

Im Sommer auch: mit frischen Tomatenscheiben belegen.

gemütliche **Runde**

1 Kartoffeln (mit Schale) in wenig Salzwasser
zugedeckt weichkochen. Schälen und noch
warm pürieren. Mit restlichen Zutaten gut
mischen und würzen.

2 Auf das mit Backpapier belegte Blech
verteilen und in der Mitte des auf 180 °C
vorgeheizten Ofens 40–50 Minuten backen.

Dazu passt Salat.

Kartoffelkuchen

Für 1 Blech von 20 cm ⌀

500 g Kartoffeln, z. B. Bintje
1 EL Butter
0,5 dl Vollrahm
0,5 dl Milch
1 Knoblauchzehe, gepresst
2 Eier
200 g Formaggini,
in Würfel geschnitten
½ Bund Schnittlauch,
in Röllchen geschnitten
Salz, Pfeffer, Muskatnuss

Für eine grössere Runde: Blech mit Butterblätterteig belegen. Lauchringe auf dem Boden
verteilen und Kartoffelmasse darübergeben. Bei 220 °C 30–40 Minuten backen.

der **Mohn** ist aufgegangen

1 Milch, Bouillon, Hartweizengriess und Mohn-samen unter ständigem Rühren aufkochen. Zugedeckt bei kleiner Hitze ausquellen, ab und zu rühren.

2 Pfanne von der Platte ziehen. Butter, Eigelb und Bergkäse daruntermischen und würzen.

3 Masse ca. 2 cm dick auf einen mit Back-papier belegten Blechrücken streichen und auskühlen lassen.

4 In Rauten (ca. 4 × 4 cm) schneiden. Auf ein mit Backpapier belegtes Blech geben und mit Butterflocken belegen. Im oberen Teil des auf 180 °C vorgeheizten Ofens 15–20 Minuten hellbraun backen.

Dazu passen Salat oder Fleisch.

Griessgnocchi mit
Mohn und Bergkäse

2 dl Milch
2 dl Bouillon
100 g Hartweizengriess
1 EL Mohnsamen
1 EL Butter
2 Eigelb
50 g Bergkäse, frisch gerieben
Salz, Pfeffer, Muskatnuss
Butterflocken

Vollmond-Tip: Bei schlaflosen Nächten soll warme Milch mit Honig Wunder wirken.

jahraus, jahrein

1 Äpfel schälen. Mit Zitronensaft beträufeln und in Haselnüssen wenden.

2 Orangensaft in die ausgebutterte Form giessen. Äpfel hineinstellen, mit Honig beträufeln und mit Butterflocken belegen. In der Mitte des auf 200 °C vorgeheizten Ofens 30–40 Minuten backen.

3 Für den Haselnussrahm alle Zutaten mischen.

4 Äpfel auf Teller verteilen und Jus darüberträufeln. Mit Haselnussrahm anrichten.

Ofenäpfel in Orangensaft mit Haselnussrahm

Für 1 Gratinform von 22 cm Länge

Butter für die Form

2 Äpfel
Zitronensaft
gemahlene Haselnüsse
2 Orangen, Saft
2 EL flüssiger Honig
Butterflocken

Haselnussrahm:
0,5–1 dl Vollrahm,
steif geschlagen
1 EL gemahlene Haselnüsse
1 EL Zucker

Neue Kreation fürs neue Jahr: Äpfel statt in Haselnüssen in Mohnsamen wenden.
Oder statt Orangensaft 2 dl Apfelsaft verwenden.

Rezept-ABC